· 小学整本书阅读分级导读 ·

SHANG DU SHU KE LA
上读书课啦

（春蕾卷）

程惠萍 / 主编

梁 涛 李 俐 刘改燕 / 副主编

编委名单

▶ 郭 佳　刘改燕　邓淑琴　景红丽　张晶晶
　郭 旋　武 星　洛 晶　裴明珠　王 卿
　裴志芳　史 超　李 琴　秦文娟　马 静
　刘 斌　李彦珺　成 晨　刘晓园　冀思宇

山西出版传媒集团　山西教育出版社

图书在版编目（CIP）数据

上读书课啦.春蕾卷/程惠萍主编.—太原：山西教育出版社，2020.8

（名师带你读）

ISBN 978-7-5703-1193-4

Ⅰ.①上… Ⅱ.①程… Ⅲ.①阅读课—小学—教学参考资料 Ⅳ.①G624.233

中国版本图书馆CIP数据核字（2020）第157344号

上读书课啦·春蕾卷
SHANG DUSHU KE LA·CHUNLEI JUAN

出版人	李 飞
出版策划	陈彦玲（特约）
责任编辑	李梦燕
复 审	彭琼梅
终 审	康 健
装帧设计	张 瑜
印装监制	蔡 洁

出版发行	山西出版传媒集团·山西教育出版社
	（太原市水西门街馒头巷7号 电话：0351-4729801 邮编：030002）
印 装	山西聚德汇印务有限公司
开 本	720×1020 1/16
印 张	11.5
字 数	176千字
版 次	2020年10月第1版 2020年10月山西第1次印刷
书 号	ISBN 978-7-5703-1193-4
定 价	33.00元

如发现印装质量问题，影响阅读，请与出版社联系调换。电话：0351-4729718。

编写说明

为什么要编写这套书?

统编版小学语文教材设置了《快乐读书吧》板块,旨在引导学生扩大阅读量、丰富阅读材料、增加阅读体验,这对于学生来说,是一件非常有意义的事。但是在实际教学中我们发现,教材推荐的书目并没有在语文课内外得到很好的落实;在与一线教师的交流中我们也发现,很大一部分一线教师读书少,不会读书,更不会指导学生读书……

而与此形成鲜明对比的是,广大的家长渴望孩子阅读,渴望孩子多阅读,渴望孩子会阅读。经常有老师和家长这样说:"孩子们想读书,但是不会读书,读书时也不善于将读书内容和生活建立联系,书是书,生活是生活,永远是两张皮。"渴望孩子能够进行有效阅读的急切之情溢于言表。

无论是在语文学习中还是在其他科目的学习中,阅读能力显得尤其重要。爱阅读,会阅读,在让人们更好地理解文本的同时,无疑会让人们的精神世界更为丰足!

那么,怎样激发孩子的阅读兴趣?怎样帮助孩子掌握阅读策略?怎样提升孩子的阅读鉴赏力,让书籍真正成为孩子们的朋友?这是我很长一段时间一直在思考的问题。

当"程惠萍语文名师工作室"成立之后,我有了思路,我要带领一批有共同理想,愿意为孩子、为家长、为老师做实事的伙伴一起,编写一套书,书的内容就是对小学语文统编教材中的阅读推荐书目进行阅读指导,帮助小学阶段的孩子爱上阅读,帮助家长与孩子进行亲子阅读,帮助一线教师上好阅读课。

这,就是这套书的编写初衷。

这套书的内容特色是什么?

这套书,用趣味导读开篇,巧妙涵盖听、说、读、写。

书中每本书的整本书阅读指导,体例设置为:"特色导读""听·多元感悟""说·共读故事""读·赏析内文""写·互动延展"。细心的你一定会发现,"听—说—读—写"这些语文基本要素,是内容的基本分割点;而在语文课中最容易忽视的"思",则贯穿了整篇导读。

【特色导读】"凡事慎于始。"为什么一定要读这本书呢?在这一板块,老师们会用多种形式,引发你阅读这本书的欲望。

【听·多元感悟】语文教学中最容易忽视的就是"听"的能力的培养。我们在编写中有意强调了"听",就是希望大家在阅读时不仅要读文字,还要主动和家人、和同伴聊一聊,听听他们的想法,主动交流与聆听,让"倾听"成为一种习惯。

【说·共读故事】"立德树人"是我们教育的核心目标。在这一板块,我们努力挖掘推荐书目中的人文要素,使你在阅读中获得心灵的滋养和精神的浸润。

【读·赏析内文】统编教材强调语文学习策略,强调阅读方法。在这一板块,我们以老师讲解为主,突出统编教材"快乐读书吧"中强调的语文要素,使你在阅读中不断重温与建构,使语文素养真正得以提升。

【写·互动延展】语文的外延就是生活的外延。语文一定要和生活建立联系,这一板块,我们突破学科界限,以大语文观思想为引领,强调拓展延伸,在画一画、演一演、做一做等环节中努力建立语文和生活的联系。

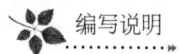 编写说明

这本书会带给你怎样的收获?

如果你用心去阅读,在这本书里,你会熟悉小学阶段推荐阅读的篇目,对应该掌握的一些基本阅读策略进行反复练习,从而真正提升你的阅读力;

如果你用心去阅读,在这本书里,你会跟着老师,从字里行间捕捉每本书的精髓,通过每一篇导读去理解整本书的深刻内涵;

如果你用心去阅读,在这本书里,你将学会把阅读与生活建立起联系。每一篇导读后面,都会有一个指向生活的实际操作问题,引导你不仅会读书,还能在做事与做人层面获得改变,在习得知识的同时,汲取能量,改变气质。

最后,我要说三个感谢:
感谢心怀梦想、坚持不懈的团队。
感谢全力相助、耐心指导的编辑。
感谢爱阅读、愿分享的你、我、他。

程惠萍
2020年9月

目 录

1. 猫剪胡子老鼠笑
  ——和你一起读童谣和儿歌
    （一年级下册《快乐读书吧》推荐阅读） ················ （1）

2. 神笔相助，勇敢前行
  ——和你一起读《神笔马良》
    （二年级下册《快乐读书吧》推荐阅读） ················ （6）

3. 80岁的金波，永远的童心
  ——和你一起读《一起长大的玩具》
    （二年级下册《快乐读书吧》推荐阅读） ················ （13）

4. 我的愿望我做主
  ——和你一起读《愿望的实现》
    （二年级下册《快乐读书吧》推荐阅读） ················ （20）

5. 开在心田的"一朵花"
　　——和你一起读《七色花》
　　（二年级下册《快乐读书吧》推荐阅读） ………… (29)

6. 最好的生活教科书
　　——和你一起读《伊索寓言》
　　（三年级下册《快乐读书吧》推荐阅读） ………… (40)

7. 诗化的人生智慧
　　——和你一起读《克雷洛夫寓言》
　　（三年级下册《快乐读书吧》推荐阅读） ………… (48)

8. 故事藏道理，认识你自己
　　——和你一起读《中国古代寓言》
　　（三年级下册《快乐读书吧》推荐阅读） ………… (56)

9. 藏在"屋内"的科学
　　——和你一起读米·伊林《十万个为什么》
　　（四年级下册《快乐读书吧》推荐阅读） ………… (66)

10. 挂上小问号，开启科学之旅
　　——和你一起读中国的《十万个为什么》
　　（四年级下册《快乐读书吧》推荐阅读） ………… (74)

11. 细菌家族探秘之旅
　　——和你一起读《灰尘的旅行》
　　（四年级下册《快乐读书吧》推荐阅读） ………… (80)

12. 你真的认识我们的家吗？
　　——和你一起读《看看我们的地球》
　　（四年级下册《快乐读书吧》推荐阅读） ………… (89)

13. 探寻人类起源的秘密
　　——和你一起读《人类起源的演化过程》
　　（四年级下册《快乐读书吧》推荐阅读）……………………（97）

14. 跟随唐僧去取经
　　——和你一起读《西游记》
　　（五年级下册《快乐读书吧》推荐阅读）…………………（106）

15. 每个人心中都有一个英雄梦
　　——和你一起读《水浒传》
　　（五年级下册《快乐读书吧》推荐阅读）…………………（114）

16. 红楼少年的聚会
　　——和你一起读《红楼梦》
　　（五年级下册《快乐读书吧》推荐阅读）…………………（121）

17. 回望三国烽烟，追溯历史演义
　　——和你一起读《三国演义》
　　（五年级下册《快乐读书吧》推荐阅读）…………………（130）

18. 心怀梦想，扬帆远航
　　——和你一起读《鲁滨逊漂流记》
　　（六年级下册《快乐读书吧》推荐阅读）…………………（138）

19. 大人眼中的"熊孩子"，孩子心里的真英雄
　　——和你一起读《汤姆·索亚历险记》
　　（六年级下册《快乐读书吧》推荐阅读）…………………（147）

20. 无与伦比的梦幻,永不褪色的经典
　　　——和你一起读《爱丽丝漫游奇境》
　　　（六年级下册《快乐读书吧》推荐阅读）·················（157）

21. 隐形的翅膀
　　　——和你一起读《尼尔斯骑鹅旅行记》
　　　（六年级下册《快乐读书吧》推荐阅读）·················（166）

1. 猫剪胡子老鼠笑
——和你一起读童谣和儿歌

（一年级下册《快乐读书吧》推荐阅读）

郭 佳

特色导读

猫为什么要剪去胡子？"拾起狗来打砖头"又是怎么回事呢？让我们一起走进儿歌和童谣的世界吧！

多元感悟

请你先听爸爸妈妈读一读著名作家金波爷爷儿时的这首童谣。

手心手背，

狼心狗肺，

日本投降，

中国万岁。

听完这首童谣后，你有什么问题想问吗？

再来听老师给你读一首童谣吧!

摇摇船

摇摇摇,

一摇摇到外婆桥,

外婆叫我好宝宝。

糖一包,果一包,

还有饼儿还有糕。

知道吗?老师小时候就是经常在外婆的童谣声中,渐渐进入梦乡的……

每一首童谣中都藏着每一代人的记忆。你还想了解家中哪位长辈儿时的童谣?请他(她)给你读几首吧!

说 勤思好问

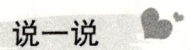

你知道小老鼠为什么笑吗?和小朋友们讨论讨论,实在不明白的话,就去问问老师吧!

猫剪胡子老鼠笑

小花猫,真爱俏,

对着镜子照啊照。

1. 猫剪胡子老鼠笑

它嫌胡子不好看,
咔嚓咔嚓全剪掉。
小老鼠,看见了,
躲在一旁笑啊笑。
猫剪胡子老鼠笑,
这是为啥谁知道?

共享乐趣

读一读

这首《颠倒歌》有趣吗?把它读给更多的小伙伴听,说说你觉得哪里最有趣。

颠倒歌

忽听门外人咬狗,
拿起门来开开手,
拾起狗来打砖头,
又被砖头咬了手。
骑了轿子抬了马,
吹了鼓,打喇叭。

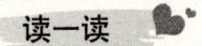

这一首首有趣的童谣和儿歌，藏在一本本神奇的书中，请你找来一本打开读一读吧，还可以和小伙伴换着读噢。

小刺猬理发

鲁兵

小刺猬，去理发，

嚓嚓嚓，嚓嚓嚓，

理完头发瞧瞧他，

不是小刺猬，

是个小娃娃。

 延伸展示

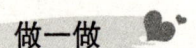

请爷爷奶奶或者是爸爸妈妈坐下来，一边为他们揉肩捶背，一边把这首童谣读给他们听吧。

小板凳

小板凳，你莫歪，
我让爷爷坐下来。
我帮爷爷捶捶背，
爷爷叫我好宝贝。

画一画

过新年时，你最喜欢的活动是什么呢？试着把当时的场景画下来吧！

新年到

新年到，放鞭炮，
噼里啪啦真热闹。
耍龙灯，踩高跷，
包饺子，蒸年糕，
奶奶笑得直揉眼，
爷爷乐得胡子翘。

儿歌和童谣中蕴藏着无尽的快乐，记录着美好的回忆，传递着真善美。请你去读更多的儿歌和童谣，还可以挑出自己最喜欢的，推荐给小伙伴们。

2. 神笔相助,勇敢前行
—— 和你一起读《神笔马良》

(二年级下册《快乐读书吧》推荐阅读)

刘改燕

特色导读

亲爱的孩子们,你们好!

今天的故事我们从"神"这个字讲起。

说到"神",你想到了什么?神秘?神奇?又或是神仙?

不过老师要说的是一支"神笔"。

"笔"是我们学习的好伙伴,它帮助我们在作业本上表达我们的想法,在记录册上书写我们的成长,在图画书上描绘我们的未来……

可老师说的这支"神笔",真不一般,凡落笔都能成真:

画鸡——伸长脖子喔喔啼;

画鱼——甩甩尾巴跳起舞;

画桃——香甜可口似抹蜜;

画牛——站起身子去耕地;

……

怎么样,听到这儿,我猜你一定迫不及待地想拥有这样一支能让梦想成真的"神笔"了吧?老师给你个机会。假如你真有这样一支笔,你最想画什么?是画让你垂涎三尺的红烧肉,是画令你爱不释手的芭比娃娃,还是画可以帮助你学习的机器人?……

带着你的愿望,我们先穿越到一个贫穷落后的小山村,认识一下这支"神笔"的小主人——马良。我们先来猜猜,他会用手中的"神笔"画什么呢?

 **多元感悟**

国人眼中的《神笔马良》

一笔一少年,神奇大世界。《神笔马良》的故事讲的是一个古老却不平凡的华夏少年梦。这部童话是中国儿童文学的瑰宝,自1955年发表以来,很快成为少年儿童和成年读者共同喜爱的童话作品,并被编入小学语文课本,影响了我国几代少年儿童。悄悄告诉你,这个童话还于1980年获得了第二次全国少年儿童文艺创作一等奖呢!

孩子们,"神笔"是马良的秘密武器,聪慧、善良的马良就是用这支神笔帮助了许许多多的穷苦人民,惩治了贪婪、凶狠的坏人。是不是很传奇呢?马良早已成为中国儿童智慧、勇敢和正义的化身。

《神笔马良》简单有趣、通俗易懂的故事和语言,让我们既能领略童话的真、善、美,又能感受到弘扬人间正气的力量。看了此书,相信你们能从中有所得、有所悟。

世界眼中的《神笔马良》

《神笔马良》的故事不仅在国内传诵不衰,还被翻译成各国文字,广泛传播,深受世界各地小读者的喜爱。由本书改编的木偶动画电影《神笔》先后在意大利、叙利亚、波兰、南斯拉夫、加拿大等国斩获国际大奖。

为了向广大少年儿童和童书爱好者推介这部不朽名作,国家图书馆少年儿童馆于2019年8月20日至9月10日,特别举办了"约绘神笔——国际马良绘本全展",展品包括汉语、英语、法语、德语、西班牙语、日语等十几种语言的《神笔马良》图书,充分体现出该作品的世界影响力。

孩子们,读到这里,你是不是已经被《神笔马良》的魅力深深吸引了呢?此刻,你一定特别想知道,这样精彩的故事是哪位作家写的呢?

关于作家

洪汛涛爷爷是著名的儿童文学作家,被誉为"神笔马良"之父。他毕生致力于儿童文学的创作与研究,为儿童文学事业的繁荣与发展做出了杰出贡献。他写过许多优秀作品,如《不灭的灯》《小花兔找食物》《鱼宝贝》《半半的半个童话》《花圈雨》《向左左左转先生》等,深受少年儿童的喜爱。他的童话朴素生动,散发出淳美清新的乡土气息,体现着鲜明的民族特色。

孩子们,《神笔马良》可是洪汛涛爷爷的代表作哦。这个故事必将伴随我们成长,我们的爸爸妈妈甚至爷爷奶奶,都听过神笔马良的故事。坐下来和他们一起聊聊吧!

说 共读故事

马良的身上究竟发生了哪些故事呢?相信此刻的你一定迫不及待了。让我们一起走进马良的世界,来一次奇妙的旅行吧!

马良出身贫苦,住在村口的破窑里,幼年父母双亡,靠自己打柴、割草过日子。村里的人经常帮助他,一个个都待他如亲兄弟一般。正是这样的环境,培养了马良正直而乐于助人的品格。

马良酷爱画画,他多么渴望拥有一支画笔,去描绘那优美的画卷啊!可是他却没有……

马良想找画师学画,那画师瞪着桃子般大的眼睛,哈哈大笑:"穷娃子也想学画画?你在做梦吧?"说完便把马良赶了出来。

> 从此马良自己用心学画，见到什么就画什么。尽管只能用树枝代替画笔，但他却坚持不放弃。
>
> "笔神"被马良的善良和真诚所感动，于是化身白胡子老爷爷下凡，送给他一支金光闪闪的"神笔"。

名师伴读

从此，小马良便开始用实际行动兑现自己对白胡子老爷爷许下的"一定要为天下没有笔的穷苦人画画"的诺言。

孩子们，马良这支神奇的画笔，竟能带我们领略到神奇的世界。故事中，画笔已不是简单意义上的学习用具，而是爱的化身。去帮助别人，那将是马良一段难忘的经历。

> 有一家没有犁耙，马良就给他们画犁耙；有一家没有耕牛，马良就给他们画耕牛；有一家没有水车，马良就给他们画水车……马良不停地给乡亲们画，不停地给乡亲们画……他的手腕酸了，他还画。他的臂膀肿了，他还画。他的全身都痛了，他还画……有了神笔后，村里人们的日子一下都好过了。

故事读到这里，你觉得"白胡子老爷爷"为什么要送给马良"神笔"呢？马良又是一个什么样的孩子呢？快动动脑筋想一想吧！

读 赏析内文

故事一 神奇的"画"

40多年前，在老师很小的时候，从造纸厂的废纸堆里意外捡到一本《神笔马良》小人书。虽然文字和图画都有残缺，但依旧深深地吸引了我，当画笔一挥，虚无的画作就变为生活中真实的东西。这是多么神奇的事情啊！我不禁好奇，这到底是一支怎样的画笔，我也好想拥有一支啊！马良能用神笔画出怎样神奇的画呢？我们快来看一看，说一说吧！

> 马良在墙上画了只大公鸡。果真，一只有着血红的鸡冠、金黄的羽毛、墨绿尾巴的大公鸡，从墙上飞下来了。它扑着翅膀飞到村口的石桥上，伸长脖子，高声啼叫起来："喔喔喔——"
>
> 马良用神笔画了许多鱼。鱼甩甩尾巴，游到河里去，浮在水面，对大家一摇一摆跳起好看的舞来。

名师伴读

哇！马良真厉害，画什么就像什么，而且不管画什么都能变成真的，我好羡慕他呀！浸润在这样的文字中，你脑海中一定浮现出了一个又一个神奇的画面吧？我要赶快把这些神奇的句子画下来，好好读一读。同学们，你也和我一起吧！

故事二 一幅仙桃图

> 马良画了一幅大仙桃图，亲自送到千户的宅院去，告诉千户，这画只能用手轻轻摸，用舌头轻轻舔，白天不能打开，晚上也不可点灯看。
>
> 千户就叫夫人来，他们把灯都熄灭了。马良把画卷打开，两个人就摸起来。果然，这桃子有脸盆那么大，毛茸茸的，鲜嫩得很，他们不敢多碰，生怕指甲掐破果皮，淌出水来。接着，两个人又凑上去，用舌尖轻轻舔起来。果然，这桃子的皮外面，也很甜很甜，像涂有一层蜜。
>
> 过了几天，千户夫人的寿辰之日到了。千户命家人将画送到台上来。在明亮耀眼的灯光下，他们两个轻轻展开，各执一端，并高高举起。
>
> <u>好一个大桃子：血红的尖尖，金黄的皮，下面衬着几片深色的绿叶。这桃子真是毛茸茸的，皮薄薄的，好像蜜汁就要从皮里渗出来，绿叶上还有珠子般的露珠，像是刚从树上采摘下来的。</u>
>
> 谁见了谁都喜爱，人们吞咽着口水，都上去摸一摸、舔一舔。
>
> 开始，千户和夫人，还逐个向他们点头致意，后来渐渐皱起眉头，两手开始颤抖，头愈来愈歪了。

> 不久，千户和夫人，两脚开始踏步。
>
> 接着，千户和夫人，腰肢开始扭曲。
>
> 很快，千户和夫人，双肩开始耸晃。
>
> 后来，千户和夫人，索性浑身抖动，手脚抽搐，在台上一圈一圈跳起舞来，而且愈跳节奏愈快，台下宾客们以为千户和夫人太高兴了，跳起一种奇怪的舞来。
>
> 不想，在台下，凡上台摸过桃子、舔过桃子的宾客，也跟着这样跳起来。跳的人愈来愈多，几乎整个大厅里的宾客都这样跳起来。

名师伴读

咦，快来猜猜，他们为什么跳起舞来了？开动脑筋想想：宝画有什么特别之处？赶快打开书找找答案吧！

哈哈哈，看到千户和夫人"两脚踏步""腰肢扭曲""双肩耸晃""浑身抖动，手脚抽搐"这些有趣的情景，我忍不住笑出了声。聪明的你，能从这段文字中想到哪些画面？你又看到一个怎样的马良呢？如果你能边想象画面边试着演一演当时的情景，你的体验会更有趣！

读了选文中画线的句子，你是不是也想舔舔这鲜美的桃子？这些句子写得很逼真，你可以把它背下来哦。

孩子们，无论是凶狠的恶霸、阴险毒辣的尖下巴画师，还是愚蠢贪婪的皇帝，都不是马良的对手，我好佩服勇敢、智慧、正义的马良啊！

小马良在给民众造福的同时，还遇到哪些困难和麻烦？他又是怎么做的呢？试着猜一猜，然后再到书中去寻找答案，看看你猜对了没有。

互动延展

我的小心愿

孩子们，还记得我们在故事开始前提出的问题吗？故事读完了，此时，你还想画红烧肉、芭比娃娃吗？……假如你有一支马良的神笔，你想画什么？你可以用一首小诗写出来，也可以用你手中的画笔画下来。

我是小画家	我当小诗人
假如我有一支	假如我有一支
马良的神笔，	马良的神笔，
我要给窗前的小树	我要给
画上一个红红的太阳。	画一个＿＿＿＿＿
让小树在冬天	＿＿＿＿＿＿＿
也能快活地成长，	＿＿＿＿＿＿＿
不会在寒冷的北风里	
缩着身子，轻轻地叹息。	

我是小读者

亲爱的同学们，相信你已经喜欢上了这本书。古今中外，像《神笔马良》一样关注劳苦大众、惩恶扬善的故事还有很多。阿凡提你听说过吗？让我们一同走进《阿凡提的故事》，了解更多有趣的内容吧！

阿凡提，是个勇于对抗恶势力的勇敢的维吾尔族人。他骑着小毛驴，时而知识渊博，时而大字不识；时而是皇帝最亲近的大臣，时而又变成四处云游的自由人……难道他像孙悟空一样会七十二变吗？

孩子们，童话世界魅力无穷，在充满想象力的年纪，请你跟随童话故事自由放飞心中美好的愿望吧！希望你们在阅读童话时能有自己的体会和感悟，希望童话故事为你们开启想象，激发灵感，打开一扇新的大门。

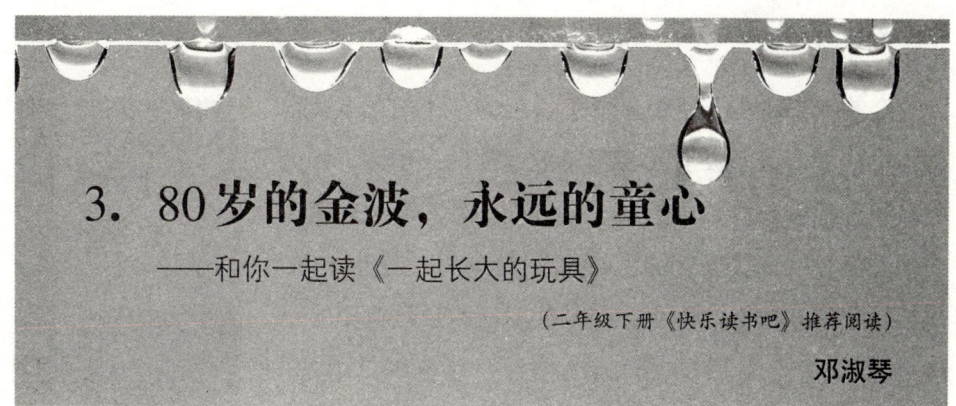

3. 80岁的金波，永远的童心
——和你一起读《一起长大的玩具》

(二年级下册《快乐读书吧》推荐阅读)

邓淑琴

特色导读

亲爱的孩子们，你们好！今天我们一起读读金波爷爷《一起长大的玩具》这本书。

可以观察你手中书的封面，你一定被图中孩子们抽陀螺的画面所吸引，孩子们的欢呼声，观看者的惊叹声，仿佛在你耳边回荡。

哪些玩具会伴随我们一起长大？有趣的题目背后又有哪些有趣的故事呢？金波爷爷笔下的玩具，你愿意和同伴去分享吗？陪伴你长大的玩具又给你带来怎样的快乐呢？

多元感悟

你还记得课本里学过的《雨点儿》《阳光》《树和喜鹊》《沙滩上的童话》这几篇课文吗？这些都是金波爷爷的作品。你对金波爷爷一定不陌生吧？他的许多作品都被收入中小学语文和音乐课本中了。

很多老师都说，金波爷爷用至纯至美至善的诗歌与童话，哺育、教诲了一代代的小读者。不少家长说，金波爷爷在儿童文学园地耕耘了60多年，发表了很多有影响的作品，影响了几代人的成长。

你想听听你周围老师、家长、同学对他的印象吗？

关于作家

金波爷爷现在已经80多岁了。在60多年的儿童文学创作生涯中,他出版了70多部诗歌、歌词、童话、评论作品集。他曾获得"国际安徒生奖"提名,当时被称为中国文学界"最接近安徒生的人"。他的每一首儿童诗、每一篇童话和散文的诞生,都是他不朽的金色童年的一次再生。

中国在巨变,中国文学与中国儿童文学也在巨变。但金波却无大变化,他的作品依旧纯真,依旧充满了真、善、美。

金波爷爷说:"我喜欢孩子,我喜欢为孩子们写童话、写散文、写诗歌。看到孩子们喜欢读我的书,我也会和孩子一样快乐。"

儿童文学评论家高洪波称:"金波是一个返老还童的诗人。"

关于作品,关于作家,你还想知道什么?去找家长问一问,听听他们是怎么介绍的。也许你会对金波爷爷有更多认识。

说 共读故事

《一起长大的玩具》选入了金波爷爷的12篇散文和6篇童话,分3组编排。作者为我们展现了在那个物资匮乏的年代,童年的他们寻找快乐鸡毛、抽陀螺、和祖母一起玩游戏等童年往事。一篇篇有着丰富内涵的文章,为我们展现了一幅幅独特又珍贵的生活图景,让我们感受到了那一代人童年的纯真和快乐以及金波爷爷那颗不老的心。

我们先来看一看这本书的目录。

目录是书上列出的篇章名目,通常放在书的正文前面。一般来说,目录左边文字部分,告诉我们主要写了什么内容;目录右边的数字部分,告诉我们要读的内容所在的页码,这样能让我们迅速找到自己想读的内容。

3. 80岁的金波，永远的童心

辨一辨

看看目录，你有什么发现？

有些目录用"……"分隔内容与页码数，有的则用"/"来分隔。但是不管用什么符号分隔，分隔开的内容，都是表示书的主要内容和要读的内容的页码。

这本书的内容，被分成了3个组，而"抽陀螺""兔儿爷""泥泥狗"三个小标题，一起放在了"一起长大的玩具"这个大一点的标题之下。原来下面的这三个故事都归属在"一起长大的玩具"里面。

目录中表示页码，可以告诉我们故事篇幅的长短。

目录的学问可真多啊！

想一想

看着目录中一个个标题，《老鸹枕头》《会走动的红玛瑙》……你脑海中出现了怎样的画面呢？老鸹睡觉还需要枕头？它的枕头什么样子？玛瑙居然会走动？这是多么奇怪的事情……此时的你一定已经迫不及待地翻开这本书开始读起来。书中一幅幅精美的插图，令你浮想联翩。

读 赏析内文

记得我的女儿小时候，特别喜欢听故事。这本书最吸引我和我女儿的地方，是兔儿爷的样子和它的那份神秘。在讲这个故事前，我让她猜猜兔儿爷是什么样子时，她脱口而出："兔子的爷爷也是兔子的样子，白胖胖、三瓣嘴、短尾巴。"

是不是真是这个样子？你脑海中出现的兔儿爷是个什么样子呢？

《兔儿爷》

兔儿爷的外貌就很奇特，兔脸儿，人身子，那样子格外引人遐想。

那时候，每逢买来一个兔儿爷，总是沉甸甸地抱在怀里，和它脸对脸地对视好久。兔儿爷的眼睛瞪得圆圆的，很有神。三瓣嘴儿闭得紧紧的，显得很严肃。脸蛋总是施着淡淡的胭脂，样子有些滑稽可笑。

名师伴读

原来兔儿爷这个样子啊！胭脂脸蛋很有意思，胖嘟嘟的样子真是可爱。那，它们穿什么衣服、会发出什么声音呢？相信你小脑瓜里一定冒出了很多小问号吧。快让我们静下心，想一想，画一画。

"兔儿爷"凝聚着那个时代特有的记忆。兔儿爷用泥土和彩绘塑造的身体里，凝聚着传统文化永不熄灭的火焰。你可以把想象中的"兔儿爷"画出来。

读了这个故事，你一定对书中提到的"兔儿爷"与八月十五的习俗很感兴趣吧！我们可以问问家长，也可以上网查阅资料，与小伙伴一起，开展一次研究性学习！

童年时陪伴金波爷爷一起长大的玩具太多了，鸡窝旁的几根鸡毛为他们带去的快乐至今没有忘记。

> 鸡毛鸡毛你看家，
> 我到南边采梅花。
> 一朵梅花没采了，
> 挣了钱，给你花。
> 你花七个我花仨。

他们把鸡毛当成了善解人意的小精灵。多有趣啊！那就让我们来读读《快乐鸡毛》。

他们小时候自己做陀螺，让我们感受到小孩子们手工制作的成就感。书中有一段这样的介绍："给我印象最深的是1945年抗战胜利后，不知是谁，把'抽陀螺'改叫'抽汉奸'。这个新名称，很快就被大家认可。一说起'抽汉奸'，我们的鞭子抽得更响、更有力，把那些投敌卖国者视作陀螺，一鞭一鞭抽得它在冰上团团转，很是解气。"原来这简单的游戏抽陀螺，蕴含着他们童年时浓浓的民族记忆，如果你感兴趣，那就读读《抽陀螺》吧。

《一起长大的玩具》这本书中，不光有童年中关于玩具的欢乐记忆，还有关于亲情和旧时光的温暖记忆。一起来听听下面这个童话故事！

柿子灯和相思鸟

这棵柿子树是奶奶种的。

年年秋天，柿子熟了的时候，她就让她的孙女婷婷把柿子摘下来，给邻居们送去。

今年中秋节的前一天，奶奶病倒了。她躺在病床上还在嘱咐婷婷：

"明天是中秋节，别忘了摘柿子给邻居们送去。"

婷婷去摘柿子。她在树梢上给奶奶留下了一个大个儿的。她对柿子说：

"你在树上多留些天，等奶奶病好了给她吃。"

奶奶在房檐下还养着一只相思鸟，这也是奶奶的心爱物。

有一天早晨，奶奶刚醒来，就嘱咐婷婷：

"把那只相思鸟放了吧，让它自由自在地飞，我没精力照看它了。"

婷婷去放那只相思鸟。她有些舍不得。但是，她最理解奶奶的心，她听奶奶的话。她对相思鸟说：

"你飞走了，可别忘了奶奶和我啊！"

她把鸟笼子打开，相思鸟迟疑了一下，飞了出来。它没有立刻飞向蓝天，却先飞到窗棂上，向奶奶叫了几声，才飞走。

名师伴读

读到这里,请你猜一猜,相思鸟会飞回来吗?奶奶吃上树梢上那个大柿子了吗?她的病好了吗?……一连串的问题全出来了,那就让我们带着疑问,读读这个故事吧!

孩子们,你会发现,金波爷爷的文字里,死亡不再是悲伤、恐惧、离别的代名词,因为纯真和爱,是可以远远超越死亡的存在。时光往复,枯败的树枝上会长出新芽,病痛会带走亲人,而柿子树下的亲情,则因为这段文字,在世间被完好地保存,就像那颗没有被摘下的柿子,凝聚着善良与爱。

画横线的句子全是奶奶和婷婷说的话,试着读一读,你读出了什么?

此刻,你的心中一定有很多想说的话,快去和别人一起分享吧。把你的感受写下来。

互动延展

陪伴金波爷爷一起长大的玩具,一定也唤起了你们的记忆与感悟。让我们一起来做一做。

我是快乐分享者

你最喜欢这本书中作者介绍的哪种玩具?理由是什么?问问长辈们,他们小时候有什么玩具,给他们带来哪些快乐,你和你的小伙伴还喜欢什么样的玩具……找一个你喜欢的人,一起聊聊各自喜欢的玩具。记住,一定要说清喜欢的理由哟!

我是创意设计师

陪伴我们一起长大的玩具太多了,我们可以与小伙伴一起设计、制作些小玩具,不妨在制作的小玩具旁边配上一段文字,相信文字里面一定也藏着你们的小故事。做好之后,记得和同伴分享哟!

设计者：_____

设计名称：_____

设计说明：_____

_____

_____

_____

我是汲取能量的"小书虫"

金波爷爷80多岁，仍笔耕不辍，精品迭出。在他的世界里，树会和我们聊天，太阳可以长出翅膀；在他的世界里，我们会遇到神秘又善良的小绿人，会与乌丢丢一起经历奇遇……期待你们在作品中与他们相遇。

金波爷爷以一颗不老的童心，让我们感受着童年的趣味，更让我们感受到我国民间艺术和传统文化的魅力。让我们坚守一份纯洁与善良，守护我们中华民族的优秀文化，守护属于我们的，也属于中国人的心灵家园。

4. 我的愿望我做主
——和你一起读《愿望的实现》

(二年级下册《快乐读书吧》推荐阅读)

景红丽

特色导读

亲爱的孩子们,从小到大,你们都有过什么样的愿望呢?对于愿望,你一定有许多话想说吧!老师今天给大家带来一本和愿望有关的书——泰戈尔写的《愿望的实现》,这本书里也藏着有趣的愿望呢!

关于作家

泰戈尔是印度最伟大的作家!他出生在印度一个富裕的贵族家庭,有意思的是,上学之后,他一共换过四所学校,因为学校规矩太严,死气沉沉,甚至还体罚学生,就退学或转学了。

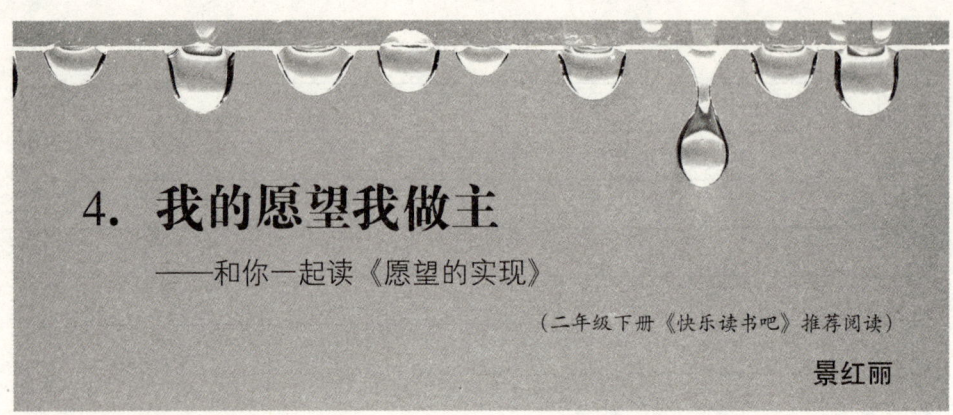

小时候的泰戈尔是一个充满好奇心、热爱自由的孩子,他喜欢写作,13岁就出书啦!最终他成为第一位获得诺贝尔文学奖的亚洲人。你们瞧,这位头发花白,正在认真思索的老人就是泰戈尔爷爷。他共写过50多部诗集,写过12部中长篇小说,100多篇短篇小说,20多部剧本及大量文学、哲学、政治论著,并创作了1500多幅画,还写了许多许多首歌曲。

4. 我的愿望我做主

听 多元感悟

在《愿望的实现》这本书里，你会认识一个有趣的小男孩，叫苏希。他早上不想起床，不想上学，甚至还装病！小小的你们，有没有过书中这样的想法呢？你有没有也幻想过当一回大人？

这本书中的父子俩身上发生了许多好玩儿的趣事呢！这得归功于伟大的泰戈尔爷爷，他的脑海里装着无穷无尽、天马行空的神奇想象，总能给我们带来意想不到的惊喜和快乐。他写的故事，让我们非常期待呢！

说 共读故事

孩子们，相信你们已经迫不及待地想要读这本书了吧！翻看目录，你一定会发现这本书好特别！《愿望的实现》这本书居然只有两个故事——《愿望的实现》和《纸牌国》。再往后翻，故事就要开始了吗？不！故事前面有这样一些话：

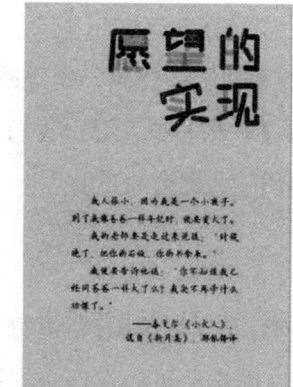

《纸牌国》

我人很小，因为我是一个小孩子。到了我像爸爸一样年纪时，便要变大了。

我的老师要是走来说道："时候晚了，把你的石板，你的书拿来。"

我便要告诉他道："你不知道我已经同爸爸一样大了吗？我决不再学什么功课了。"

——泰戈尔《小大人》

这里的小大人幻想可以成为大人，他想要做爸爸可以做的事，真是童趣十足！现在你知道了，小朋友想要长大的愿望和想法一点儿也不过分了吧。

孩子们，在前面的学习中，我们已经学会了看目录这个小妙招，接着就先从目录入手读起来吧！

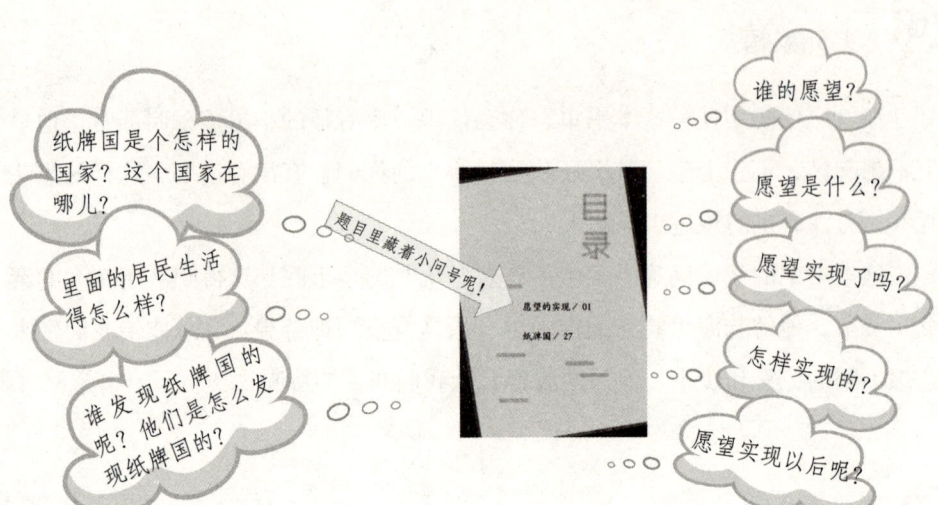

同学们，带着小问号去读故事，会不断地带给你小惊喜！走进故事，你的小问号就会一一解开了！同时，这本书中的插图也非常精美，只要打开故事，你就会忍不住多看两眼！

读 赏析内文

小朋友们，带着你们小小的问号、大胆的猜想和美美的图画，走进故事，相信你们脑中的幻想、眼前的世界就更加多姿多彩了！精彩抢先看，我们一睹为快！为了让大家读故事的收获更多，老师送给你们一些阅读的小助手！

魔力提词器　精彩内容巧提取

别看这本书中只有两个故事——《愿望的实现》和《纸牌国》，但每个故事的内容都非常丰富，也非常精彩！读的过程中，同学们可以设计一棵愿望树，一边读，一边用上"魔力提词器"，把老苏巴和小苏希的愿望提取出来，写在愿望树上，比如老苏巴有一个愿望是专心读书，小苏希有一个愿望是尽情玩耍……

4. 我的愿望我做主

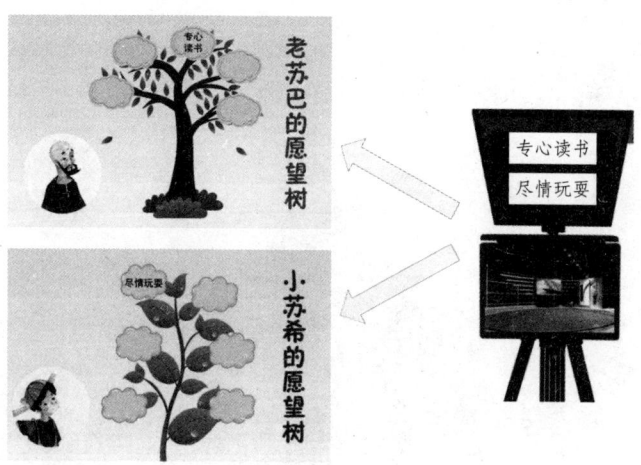

接着我们会读到：

> 仙子就走到孩子的父亲面前，说："你的心愿会实现的，从明天起你会变得像你儿子那么小。"然后仙子又走到儿子那儿对他说："从明天起你会变得像你父亲那么老！"

那么，第二天清晨，他们的愿望实现以后，生活发生了怎样的变化呢？我们继续用上魔力"提词器"，边读边提取其中的关键词，这次同学们需要重点提取愿望实现以后（即许愿后）他们各自的状况，填在下面的表格里。

	愿望	许愿后
儿子	尽……	从……
父亲	返老……	找借口……

《纸牌国》这个故事其实包括七个小故事呢！一边读，一边补充其他章节里的纸牌国是什么样的，看谁的魔力"提词器"用得好——找得准，找得全，让七个故事都闪耀在"魔法城堡"上空，然后连起来读一读，你认识的纸牌国就变得更有趣了！

> **神奇记号笔** 人物特点来标记

《纸牌国》的故事讲的是：海边的孤岛上有个纸牌国，有国王、皇后、贾克和么点这样高级的牌，也有一些低级的牌，如三点、两点。所有的纸牌都按规矩办事，生活毫无生气和活力。有一天，孤岛上来了三个年轻人，他们是到处游历的王子、警察之子和商人之子。他们的到来打破了孤岛的宁静……

纸牌国里究竟会发生什么样的变化呢？快来读一读这个故事吧！运用"神奇记号笔"，把故事中的每个人物在纸牌国里的样子、他们做的事情，用不同的颜色或不同的符号勾画出来，这样可以帮助我们快速地了解不同人物的特点。相信你在阅读的过程中会发现，惊奇不断！

过去黑桃皇后、黑梅花皇后、红钻石皇后和红心皇后一直是藏在帘子后面的，无精打采地向外面看着，或者就目不转睛地望着地。

……

可怜的红心皇后自那天起，错误就接连不断。她开始把所有的规章都忘了，简直有点不像话。

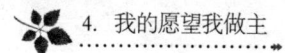

4. 我的愿望我做主

上面选文中,"——"标出的是皇后原来的样子,"～～"标出的是皇后后来的样子。

魅力美颜机 特色语言记心里

泰戈尔爷爷的语言像诗一样优美,像画一样精彩,像戏一样有趣。读着读着,你会觉得有些话说到了你的心里,你就想反复多读几次;读着读着,你还会遇到许多优美的词语和句子,忍不住想用笔记录下来;

读着读着,你会想要停下来,回味头脑里出现的书中的画面;

读着读着,你好像已经走进了故事当中,成为他们中的一员!……

——每当这时,你就渴望拥有了一台时光相机,把这些充满着神奇想象的地方拍摄下来,留在脑海中,留在心里!

片 段 一

纸牌国里面简直是非常平静,他们全都安安静静,乐天知命。这儿从来没有什么骚动和暴乱,也从来没有什么兴奋和热情。

海洋不停地低声哼着摇篮曲,那浪花就像许许多多雪白的手,轻轻地拍着这个岛,让它睡觉。

天空好像一只浮在窝上的大鸟,伸出它那蔚蓝的、柔软的翅膀环抱着这个岛。

在老远的水平线上,有一道深蓝的线,表示出另一边海岸。

没有什么打架或争吵的声音能够传到这个岛上来打破它的宁静。

名师伴读

即使你还没有读到这本书,你从泰戈尔爷爷的描述当中,就可以知道纸牌国是一个怎样的地方。它看上去很安静很美,从那些优美的词语和温馨的描述中,我们好像已经看到了那宁静深蓝的大海,广阔蔚蓝的天空,通过"安安静静""睡觉""没……的声音""宁静"这些词,我们还知道了这个纸牌国非常平静这一特点。

片 段 二

　　这三个伙伴根本就不遵守纸牌国的规章和条例。在坐下、站起、转身和躺下这些动作上，他们没有一件做得对。

　　相反，他们看到这些事都得完完全全、一丝不苟地按着规章进行，就大笑起来。他们根本就不把这许许多多的条例和它们的严肃性当作回事儿。

　　……　……

　　变动既然已经开始，这三位伙伴就能使他们对"高兴"有愈来愈深的体会了。他们渐渐地感觉到生活并不是许多规章条例所能束缚的。他们暗暗得意，因为他们知道了在一切事情上，他们有自由选择的大权。

　　整副纸牌，被"高兴"一撞，就慢慢地摇晃起来，摇摇欲坠。就像一条盘在一处的，酣睡初醒的蟒蛇，从头到尾抖动了一下，慢慢地伸展开了。

名师伴读

　　同学们，读了这两个部分，你们头脑中一定出现了三个伙伴当时另类的画面！你脑海中的规章和条例是怎样的？可以跟你身边的小伙伴说说，比如，必须……；你们再瞧瞧，过了一段时间，纸牌国的居民们发生了怎样的变化？他们原来是什么样子？现在又是什么样呢？

写 互动延展

　　同学们，我们将要在《愿望的实现》和《纸牌国》的故事里，遇见美丽的画面——让你发挥神奇的想象大胆猜测；遇见精彩的内容——让你读得放也放不下；遇见有趣的人物——让你好想认识他们或成为他们；遇见美妙的语言——让你读了还想读，怎么读也都不够！

　　你可能还会像泰戈尔爷爷那样，萌发创作的念头，那就也来写写自己的愿望吧！

4. 我的愿望我做主

其实,每个小朋友都是天生的作家!只要发挥你们神奇的想象,就能把你以前的愿望、现在的愿望、生活中的愿望、校园里的愿望……说出来,可以录下来,可以写出来!总之,我的愿望我做主!泰戈尔爷爷著有享誉世界的《新月集》《飞鸟集》,我们也可以把班级每个人的愿望集合在一起,形成我们班的《愿望录》或者《愿望集》。将来,你打开它的时候,一定是想起这份珍贵的记忆。有愿望的童年才美妙!

泰戈尔爷爷不只会写故事,他还是一位非常伟大的儿童诗人,为少年儿童写了许多许多美妙动听的诗歌——《泰戈尔写给孩子的诗》这本书里就收入了这些诗歌。

神奇的想象是泰戈尔爷爷创造好故事、创作好诗歌的重要"法宝"!让我们走进故事,走进诗歌,那美妙的想象,在书中等你!

飞鸟集

夏天的飞鸟,
飞到我的窗前唱歌,又飞去了。
秋天的黄叶,
它们没有什么可唱,只叹息一声,
飞落在那里。

> 其实文学创作没有你想象中的那么难,只要你敢想!

阅读计划

《愿望的实现》这本书中有两个故事——《愿望的实现》和《纸牌国》,《愿望的实现》你大概可以用两三天读完;《纸牌国》这一故事有七个小部分,你可以每天读两个,这样最多一周的时间就可以读完整本书啦!当然,如果你是一位"小书迷",也可以一口气读个痛快,不出三天,你准能读完它!之后,一想到里面有趣的地方,你一定会忍不住再翻开书读一读的!

《愿望的实现》阅读计划

阅读日期	目录章节	页码	读书地点 (在哪里读)	读书方式 (与谁共读)	完成情况

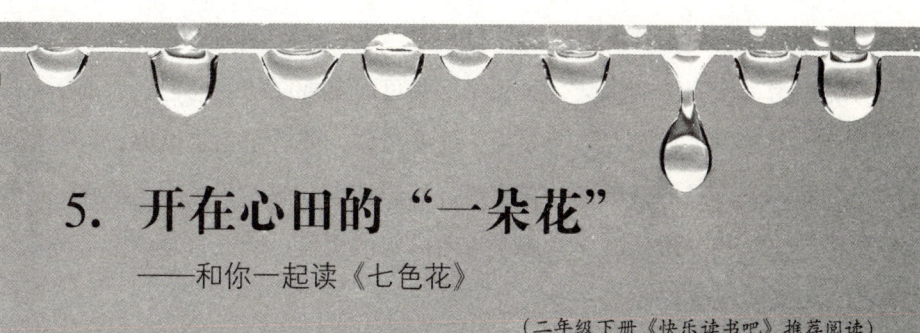

5. 开在心田的"一朵花"
——和你一起读《七色花》

(二年级下册《快乐读书吧》推荐阅读)

张晶晶

特色导读

亲爱的小朋友们,欢迎来到快乐读书吧,我们一起快乐读书吧!

1,2,3,4,5,6,7,我有一朵七色花,片片花瓣听我话,帮我实现愿望吧!

今天我们要开启一段神奇又快乐的阅读之旅,共读《七色花》这本书。书中的七色花究竟是怎样的一种花呢?作者瓦·卡达耶夫在书里是这样写道:"这朵花有七片透明的花瓣,每片花瓣的颜色都不一样:黄的、红的、蓝的、绿的、橙色的、紫的和青的。"原来是有赤、橙、黄、绿、青、蓝、紫七色花瓣的七色花!一般来说,蓝色象征梦幻,红色象征喜气奔放,橙色象征华丽阳光,黄色象征高贵希望,绿色象征青春爽朗,青色象征自由坚强,紫色象征典雅浪漫。你最喜欢哪一种颜色的七色花瓣呢?让我们跟随七色花的主人公珍妮一起,走进这本书,看看七色花的故事吧。

多元感悟

一起听故事

小朋友们,你还记得我们读过的《神笔马良》《愿望的实现》这几本书吗?每一本书中都藏着神奇的魔法!我们一起翻开《七色花》这本书,这本书中也有神奇的魔法和咒语呢！我们一起来读读这个神奇的故事吧！

珍妮因为一次偶然的机会，得到了一朵可以实现愿望的七色花。前面六次许愿，珍妮都是为了自己，或者是为了弥补错误，或者是为了炫耀，或者是为了自己的私心。当只剩最后一片花瓣时，珍妮把美好的希望送给了威嘉——让威嘉健康起来。每一次的许愿，都孕育着珍妮的成长，所以，她学会了分享幸福与爱，以及传递美好。

一起了解作者

《七色花》是一篇童话故事，作者是苏联作家瓦·卡达耶夫。我们一起来了解一下他吧！

瓦·卡达耶夫，苏联小说家、剧作家、诗人。小说《盗用公款者》（1926）和剧本《无法解决的问题》（1928）讽刺挖苦了苏联的经济状况。长篇小说《雾海孤帆》（1936—1961）叙述了1905年到第二次世界大战期间的苏联社会生活。

一起聊作品

你想听听作家、老师、家长、小伙伴对《七色花》这本书的印象吗？

作家说："亲爱的小朋友们，我们会因为珍妮拥有七色花而投去羡慕的目光。但最最打动我们的却是珍妮帮助威嘉健康起来的画面。让我们也用一颗善良的心，帮助他人，快乐自己。"

老师说："七色花每片花瓣都能为人实现一个愿望。假如你有实现七个愿望的机会，你想实现什么愿望？我们愿意让大家看到更多的快乐，更多的真善美。"

5. 开在心田的"一朵花"

爸爸妈妈说:"《七色花》是一篇童话故事,这个故事告诉我们,贪心会让生活变得混乱,而帮助他人却可以获得真正的快乐。"

小伙伴说:"珍妮是个幸运的姑娘,七色花无条件地满足了她七个愿望。但是她用最后一个愿望帮助了一个跛脚的男孩,让他变得健康起来,这个愿望真是弥足珍贵。"

小朋友们,你最想说什么?写到下面的留言板中吧!

留 言 板

_____
_____
_____

说 共读故事

小朋友们,我们一起在读《愿望的实现》《一起长大的玩具》时,就已经知道了读书时先要从目录看起,而且还学会了看目录的方法。目录让我们很清晰地了解到关于书的信息。我们还可以从目录中挑选出自己感兴趣的内容先读,也可以根据目录猜猜故事的内容。目录上有页码标注,我们顺着标注的数字翻到相应的页码,就找到我们要读的部分了。这个过程好神奇、好有趣呀!还记得目录中的寻宝图吗?细心的你一定能回忆起书中的目录信息。

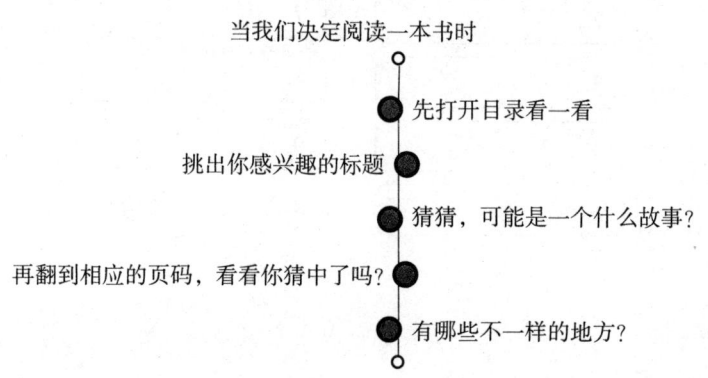

当我们决定阅读一本书时
- 先打开目录看一看
- 挑出你感兴趣的标题
- 猜猜,可能是一个什么故事?
- 再翻到相应的页码,看看你猜中了吗?
- 有哪些不一样的地方?

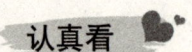

认真看

当我们打开《七色花》这本书时，我们看到了目录中与众不同的故事首页。瞧，打开目录后，我们就能看到这样的"作家寄语"。

《七色花》

那朵紫外线的花蒂上长出了七瓣美丽的、透明的、不同颜色的花瓣。雨珠在它们上面跳跃着……

——瓦·卡达耶夫

《十二个月》

他们（儿童）需要快乐，需要游戏，需要笑话，需要引人入胜的小书本。

——萨·马尔赛克《给中国读者》

仔细想

让我们一起去阅读《七色花》这本书。有一个小朋友阅读时，在爸爸妈妈的帮助下设计了一些小目录。你能试着根据《七色花》的故事情节，为小目录排序吗？

丢了面包　得到七色花　来到北极　玩具回商店　带我回家

还原花瓶　逃离北极　得到玩具　帮助维嘉

读书方法一　目录排序

我的小目录

1.	6.
2.	7.
3.	8.
4.	9.
5.	

5. 开在心田的"一朵花"

大胆猜

看着自己做的小目录，你脑海中会浮现出什么画面？此时的你一定对《七色花》的故事内容浮想联翩。大胆去猜一猜书中每一幅插图背后的故事吧！

动手绘

结合故事情节，通过边读边思边想象，你学会了为小目录排序。你可真棒！请你来为自己喜欢的故事情节画一幅插图吧！

读 赏析内文

一起读故事

小朋友们，我们在阅读故事时，感受着神奇的想象，被珍妮的那朵美丽神奇的七色花迷住了。七色花神奇在哪里？哪一片花瓣用得最有意义呢？带着心中的疑问，一起到书中读一读，找一找吧！

读书方法二 带着问题去读书

片 段 一

有一个姑娘叫珍妮。有一天,她的妈妈打发她到铺子里去买面包圈。珍妮买了七个面包圈:给爸爸买了两个带茴香的面包圈,给妈妈买了两个带罂粟籽的面包圈,给自己买了两个带糖的面包圈,给弟弟巴克买了一个粉红色的小面包圈。珍妮提着这一串面包圈,就回家去了。她一面走着,一面向旁边张望着,念着招牌上的字,数着乌鸦。

片 段 二

珍妮一看自己的"七色花",总共只剩下一片花瓣了。

"哟,只剩下一片了!把六片花瓣浪费了,连一点儿乐趣也没得到。唔,不要紧。以后我要聪明些了。"她走到街上,一面想:

"我还该要什么呢?我给自己要四斤'熊牌'糖吧。不,最好是要四斤冰糖吧。或者不要吧。最好这样办:要一斤'熊牌'糖、一斤冰糖、四两花生糖、四两核桃。唔,我把这些东西都吃了,就什么也没有了。还有,不管怎么样也要给小弟弟要一个粉红色的面包圈。可是这有什么意思呢?不,最好我给自己要一辆三轮自行车。不过,干吗呢?我骑一骑,过后该怎样呢?"

珍妮的愿望清单	
花的颜色	愿 望

(续表)

花的颜色	愿望

尽情想

我们一起边读故事边想象,珍妮手中的最后一片花瓣最想实现什么愿望?

小朋友们,你能结合《七色花》的故事情节变化,把自己最喜欢的故事情节讲一讲吗?要讲清楚故事的起因、经过、结果哦!

开心画

小朋友们,如果你已经读完《七色花》这本书,那么就用你手中的画笔,画一朵你心中最美的七色花吧!读长故事,只要坚持阅读,就能获得一朵"最美的七色花"!

故事中的发现

读了故事中的精彩片段,我们知道这是一朵美丽的七色花,它有七片透明的花瓣,每一片花瓣的颜色都不一样!这也是一朵神奇的花,每一片花瓣都能帮人实现一个愿望！你会问：世界上真的会有七色花吗？好像我从来没有见过呀。其实，只要有一颗善良的心，帮助他人，得到快乐，就会拥有世界上一朵独一无二的"七色花"！

在这本书中我们还听到了另外一个故事《十二个月》，这个故事的作者是苏联作家萨·马尔夏克。一本书中两个故事，两个不同的作家，真是神奇！

关于作家

萨·马尔夏克（1887—1964），苏联作家、诗人、儿童剧作家、翻译家，苏联为数不多的具有国际声望的文化活动家之一。他是苏联儿童文学的奠基人。戏剧代表作《十二个月》，通过十二个月帮助大女儿战胜邪恶的童话故事，教育孩子从小热爱劳动、与人为善。此剧曾获1946年斯大林奖金。

片 段 三

你知道一年里面有几个月？

十二个月。

它们的名字是什么？

正月，二月，三月，四月，五月，六月，七月，八月，九月，十月，十一月，十二月。

一个月刚刚结束，另一个月就马上开始。像正月还没有过去二月就先来到，或者五月赶过了四月这一类的事情，是从来没有过的。

小朋友们，你想知道《十二个月》讲述的是什么故事吗？让我们捧起手中的书，一起认真地读一读吧！

故事中的内容精彩又神奇，留给我们的是温暖的爱！阅读时我们就会发现这样的温暖瞬间！

读了《七色花》这个故事，我们发现：

读了《十二个月》这个故事，我们发现：

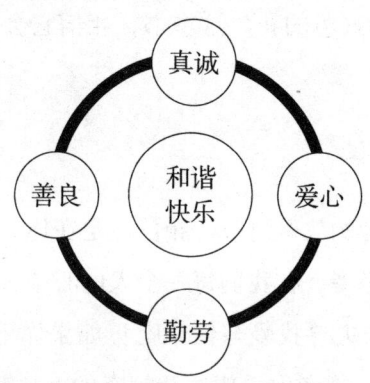

"声"临其境：神奇魔法趣配音

故事读到最后，你发现故事中神奇的魔法咒语了吗？你能用自己的家乡话为神奇的魔法咒语配音吗？我们一起变成小魔仙吧！魔法魔法变变变！一同感受"声"临其境的魔法咒语！

> 飞哟，飞哟，小花瓣哟，
> 飞到西来飞到东，
> 飞到北来又到南，
> 绕一个圈哟，打转来。
> 等你刚刚挨着地——
> 吩咐吩咐如我意。
> 吩咐吧，叫我带着面包圈回家去！
> ——《七色花》魔法咒语

> 风啊，暴风啊，飓风啊，
> 你们尽力地吹吧！
> 旋风啊，暴风啊，
> 在夜晚时刮起来吧！
> 你们在云里高声地嚎叫，
> 你们吹过大地。
> 让雪像白蛇一样地
> 在田野里奔驰吧！
> ——《十二个月》魔法咒语

 互动延展

我们的约定

小朋友们,我们也可以读一读相关的绘本故事,老师推荐你去阅读美国作家麦克·格雷涅茨的《彩虹色的花》这本书,相信它会带给你更加奇妙的阅读感受和体验。

心中的"七色花"

小朋友们,书中精彩的故事情节,相信一定在你心中留下了许多难忘的画面,也带给了我们一些思考。在我们每一个人的心中,都有一朵最绚烂的"七色花"。让我们在生活中去寻找爱与快乐吧!如果你手中只有最后一片花瓣,你最想实现什么愿望呢?或者你希望这朵神奇的七色花帮助自己的爸爸妈妈、小伙伴们实现什么愿望?都可以写在下面的表格里哦!

心里的悄悄话

亲爱的小朋友们,我们的《七色花》阅读之旅即将到达终点。让我们与书为友,不断从中汲取成长的养分吧!这一本本童书,就是一颗颗美丽的种子,阅读的过程中书中的故事就会在你的心里播下一颗颗名叫"爱与善良"的种子。最后,别忘记完成自己的阅读计划,为自己的阅读之旅画上一个完美的句号!

开启《七色花》阅读之旅	
你的阅读计划	是否按计划完成
阅读开始日期(　　　　　) 结束阅读日期(　　　　　) 每天读(　　　　)分钟 每天读(　　　　　)页	很棒：☆☆☆ 棒：　☆☆ 加油：☆

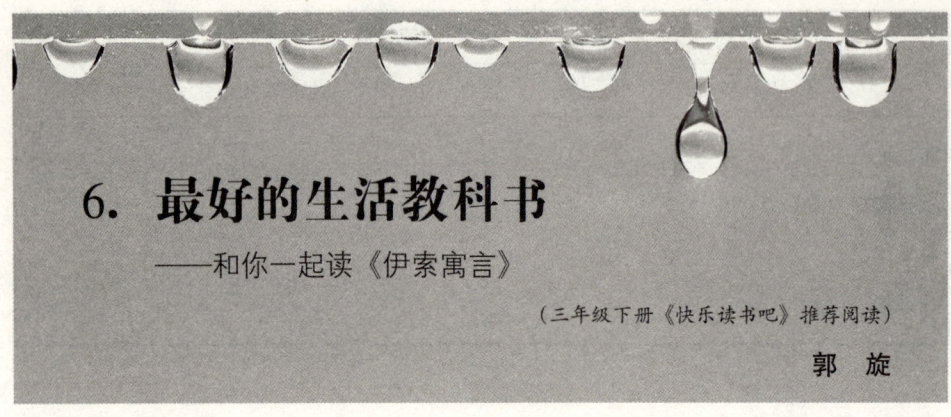

6. 最好的生活教科书
——和你一起读《伊索寓言》

(三年级下册《快乐读书吧》推荐阅读)

郭 旋

特色导读

孩子们，用最快的速度写出看到下面的词时你脑海中出现的成语故事吧！

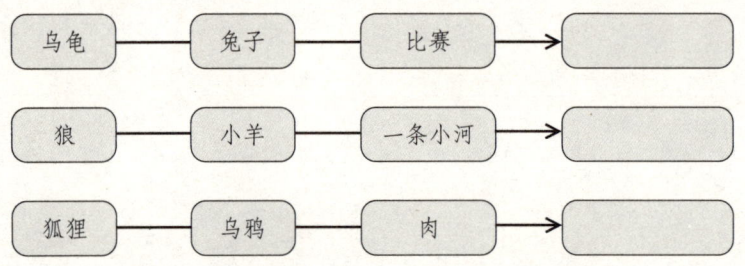

这些故事你是不是特别熟悉？你知道吗？这些故事都出自《伊索寓言》这部世界上最古老、最伟大的寓言集。这本书是世界上拥有读者最多的文学作品之一，它以独特的魅力受到了世界人民的喜爱，不仅是儿童，连成人也对它爱不释手。读了这段文字，现在的你脑海中一定会冒出一连串的问题：

为什么早就听过的故事还要再读？为什么那么多人都要读《伊索寓言》？这里为什么要用《最好的生活教科书》这个题目？

多元感悟

虽然我们已经听过许多《伊索寓言》中的故事，但是对《伊索寓言》这本书却知之甚少。你想了解伊索吗？你想知道关于《伊索寓言》这本书背后的故事吗？你想听听其他人是怎么评价这本书的吗？

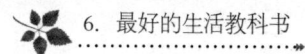

让我们先来读《伊索寓言》中的一个故事,看看你读出了怎样的伊索。

伊索在造船厂

一天,预言家伊索来到一家造船厂。工人们开心地逗着他说笑,伊索便兴致勃勃地给工人们讲起了一个古老的故事。

他说:"早在远祖奠定乾坤之前,世界原本是一片汪洋。宙斯希望能看到泥土露出水面,便要求大地三口喝干大海。大地顺从地喝起水来,第一口水喝下去,群山峻岭神奇地显现出来;第二口水喝下去,原野平川便奇迹般地展现在眼前。"伊索停了停,又接着说:"至于第三口水嘛,假如当时他把水喝干了的话,现在你们就都无事可做了。"

我们再去听听其他人对伊索及《伊索寓言》的介绍吧,你会获得更多的信息。

相传,伊索是一个特别机智、幽默、聪颖的人,他特别会说故事,他的故事对古希腊和罗马产生了重要影响,后人把他讲的故事编入《伊索寓言》。伊索寓言中的很多故事并不是伊索本人所写,而是来自古希腊民间,所以,伊索寓言是古希腊寓言的汇编,是古希腊人在相当长一段时间的集体创作。

读过上面一段文字后,想一想,你获得了关于《伊索寓言》的哪些信息?你还想知道关于《伊索寓言》这本书的哪些信息?可以问问长辈、老师,网络搜索一下也是不错的选择。把你的成果记录下来吧!

我获取到的信息	搜集信息的渠道

说 共读故事

著名作家张远山曾说:"读惯先秦寓言的中国人,初次读到《伊索寓言》是要惊讶的,因为那是两种截然不同的思维方式。"

让我们把这两部几乎同一时代流传下来的寓言放在一起,孩子们,先看看目录,你有什么发现?

《中国古代寓言故事》部分目录	《伊索寓言》部分目录
画蛇添足 …… 48	蚂蚁 …… 90
自相矛盾 …… 51	青蛙和老鼠 …… 91
南辕北辙 …… 54	宣誓神 …… 93
亡羊补牢 …… 57	雄鹰和蜘蛛 …… 95
叶公好龙 …… 61	蝉与蚂蚁 …… 98
囫囵吞枣 …… 64	好心帮倒忙的笨熊 …… 100
利令智昏 …… 66	

阳阳：我发现《中国古代寓言故事》的题目大多是四个字。

一涵：我发现《伊索寓言》故事的主人公大多是动物。

海涛：我还发现_____

我们先去找几篇《中国古代寓言故事》读读，再读读下面的《伊索寓言》故事，想一想，它们在篇幅、结构上有什么不同？

> 两只青蛙同住在一个池塘里。这年的夏天又旱又热，池塘里的水都晒干了。青蛙只好离开水池，另觅家园。一天，他们来到一口深深的水井旁，一只青蛙急忙就要往里跳，另一只却小心地拉住他，阻拦道："慢着朋友，让我们先来看看。如果这井也干了的话，我们可怎么上来呢？"
>
> 做事一定要三思而后行。
>
> ——《青蛙找水》

> 狐狸和豹争论谁美。豹每次总是夸耀自己身上的花纹斑驳美丽，狐狸回答说："那我比你不知要美多少。使我美丽的不是身体而是心灵。"
>
> 这故事是说，智慧的美优于形体的美。
>
> ——《狐狸和豹》

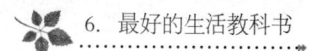

阳阳：我发现《伊索寓言》故事特别短，《中国古代寓言故事》中的故事篇幅长一些。

一涵：我发现《伊索寓言》在故事结尾直接告诉我们寓言的道理，《中国古代寓言故事》的寓意隐藏在故事中。

海涛：你们发现了它们的不同点，我还能发现它们的共同点：_____ _____

我们通过看目录，读故事，揭开了《中国古代寓言故事》和《伊索寓言》神秘面纱的一角。书中让人惊讶的远远不止这些，让我们带着这份好奇，继续走进《伊索寓言》。

读 赏析内文

孩子们，如果读书的时候，我们只用眼睛扫过文字，没有带着自己的思考看到读故事后崭新的你，那就太可惜了。还记得《快乐读书吧》里的那份大礼包吗？我们一起来看看：

读懂内容 → 思考寓意 → 与生活结合起来

在读《伊索寓言》的时候，我们要先读懂寓言故事的内容。《伊索寓言》中，大部分寓言故事结尾都会用一两句话直接点明寓意，读到结尾处我们才初步读懂寓言。如果继续把寓言和我们生活中的人和事联系起来，我们就能真正把寓言读明白了。现在，就让我们一起带着这样的方法，走进《伊索寓言》，与一个崭新的你不期而遇。

探秘《伊索寓言》中的动物世界

翻开《伊索寓言》，我们仿佛进入了动物的世界，这里有狐狸、乌鸦、孔雀、苍蝇……一个又一个故事在让我们目不暇接、捧腹大笑的同时，又会陷入深深的反思。

狐狸是《伊索寓言》中出镜率最高的动物。当"狐狸"这个词映入眼帘，你的脑海中浮现出哪些词？也许99%的同学会说：狡猾。我们先把"狐狸"这个词放进圆圈图的内圈中（核心主题），把我们对狐狸的第一印象——最初的认知"狡猾"写在外圈上。

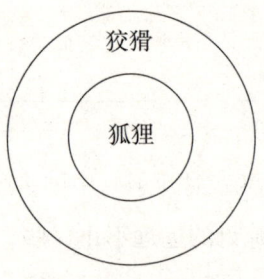

那么《伊索寓言》中狐狸还有没有别的形象呢？我们来读下面的故事吧！

老狮子和狐狸

有一头年老的狮子，已不能凭借力量去抢夺食物了，只能用智取的办法才能获得更多的食物。于是，他钻进一个山洞里，躺在地上假装生病，等其他小动物走过来窥探，就把他们抓住吃了。这样，不少动物都被狮子吃掉了。狐狸识破了狮子的诡计，远远地站在洞外，问狮子身体现在如何。狮子回答说："很不好。"反问狐狸为什么不进洞里来。狐狸说道："如果我没发现只有进去的脚印，没有一个出来的脚印，我也许会进洞去。"

这是说，聪明的人常常能审时度势，根据迹象预见到危险，避免不幸。

这个故事里的狐狸，通过自己敏锐的观察力，用智慧救了自己，是不是和我们最初对狐狸的认知大相径庭？孩子们，故事虽然短小，但是三言两语就把狐狸机智的形象活灵活现地展现在我们面前了。

《狐狸与豹》中，狐狸清楚地知道美不在于外表而在于内心，简直是动物世界的智者呀；《狐狸与狮子》中从最初见到狮子的惊恐，到敢于走近前去，和狮子说话，狐狸的这份勇敢，是不是让人钦佩呢？……《伊索寓言》中差不多有40个狐狸，又分别是怎样的呢？

　　读到这里，我们意犹未尽。串联起写在外圈中的越来越多的关键词，我们发现，同样是狐狸，他们有的狡猾，有的机智，有的奸诈，有的勇敢，《伊索寓言》中的狐狸那迥异的性格，让我们品味着故事中蕴含的大道理。

　　《伊索寓言》的动物世界里，还有许许多多的动物形象，每一个形象都会带给你什么惊喜。出镜率排名第二的是狮子，第三又是谁呢？……可以将你最喜欢的或最感兴趣的动物寓言放在一起读，读完故事不要急着去看寓意，先细细品一品故事中的文字，再想想故事里是否有我们身边的人或事的影子。可以用圆圈图进行归纳，相信你会有更多的收获。

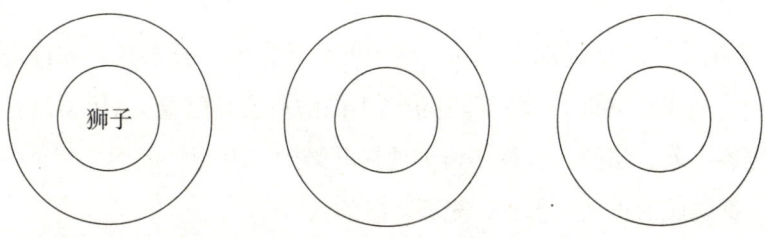

关于《伊索寓言》中的希腊神话人物

　　《伊索寓言》源自古希腊，是古希腊文学重要的组成部分。它的价值并不亚于希腊神话、《荷马史诗》。其中还有这样一部分寓言故事，如《赫尔墨斯和雕像者》《狮子、普罗米修斯和大象》等。

赫尔墨斯和雕像者

　　赫尔墨斯想知道他在人间受到多大的尊重，就化作凡人，来到一个雕像者的店里。他看见宙斯的雕像，问道："值多少钱？"雕像者说："一个银圆。"赫尔墨斯又笑着问道："赫拉的雕像值多少钱？"雕像者说："还要贵一点儿。"

　　后来，赫尔墨斯看见自己的雕像，心想：他身为神使，又是商人的庇护神，人们对他会更尊重些。于是问道："这个值多少钱？"雕像者回答说："假如你买了那两个，这个算添头，白送。"

读完这则寓言，你是不是感觉如坠云端，看不明白？原来，在这部书中还出现了古希腊神话传说中的众神。众神是古希腊人对万物的解读。就让我们试着了解一下《赫尔墨斯和雕像者》中出现的古希腊的神祇吧！你可以选择你喜欢的方式查找资料，寻找一下哪些词最能概括他们的地位或者关系，并试着写下来。

宙斯　　　　　　　赫拉　　　　　　　赫尔墨斯

了解了宙斯、赫拉和赫尔墨斯，再去读《赫尔墨斯和雕像者》，问题是不是迎刃而解了？《伊索寓言》是古希腊人民留给世界的一笔精神财富，再去读读这本书中其他关于希腊神话的故事吧。

《伊索寓言》之所以能让不同年龄段的读者愿意一读再读，或许是因为在阅读每一个故事的同时，我们都能获得不同的启发和智慧。《伊索寓言》让我们感知宽容、爱、温暖，也毫不留情地揭开嫉妒、丑陋、虚伪。愿每一个读故事的人，都能成为正义、善良、充满智慧的人。

写 互动延展

我们读寓言里的每一个故事，都像在照一面审视自己的镜子，在不同年龄阶段面对这面镜子时，都会出现不同的感悟。有位同学在读过《驴子和他的主人》《老人和死神》后，摘录了故事中直接点明道理的句子；读完《伊索寓言》后，他做了一本生活启示录——《最好的生活教科书〈伊索寓言〉》。当他18岁、30岁、45岁、60岁……再翻看这本生活启示录时，是不是会想起三年级的那段时光里自己曾做过的如此有意义的一件事呢？亲爱的孩子们，你想拥有一本属于自己的《最好的生活教科书》吗？你会在其中记录些什么呢？就是现在，开启你的创作之旅吧！

> 这山望着那山高的人，是永远没有满足的时候的。
> ——《驴子和他的主人》

> 生命是宝贵的，每个人都应该珍惜它。
> ——《老人和死神》

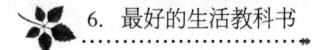

孩子们，人的一生中，总有一些文字，会影响生命的成长。这一天，我们漫步在《伊索寓言》的花园里，静听、细读，遇见崭新的自己，遇见多元的文化，这是馈赠给我们自己心灵的一份礼物。愿这一天，是让你感到幸福的一天。

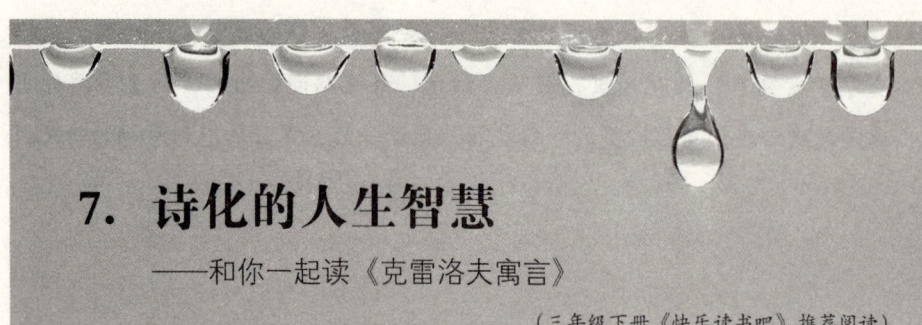

7. 诗化的人生智慧

——和你一起读《克雷洛夫寓言》

(三年级下册《快乐读书吧》推荐阅读)

武 星

特色导读

明明是个很聪明的孩子，可是同学们都不怎么喜欢他，连他自己也不明白这是为什么。聪聪作为明明的好朋友，很为自己的朋友着急。知道好朋友的问题，却没有好办法告诉明明，并让他接受。一天他在读书时，读到了一个故事，立刻有了主意。他将这个故事讲给了明明。明明听后，低下了头，终于明白了同学们不喜欢自己的原因。明明后来的改变让同学们刮目相看，连老师都对明明竖起了大拇指。但在明明心里，他最感激的是自己的好朋友聪聪，以及聪聪推荐给自己的那本神奇的书。

这究竟是一本怎样的书？聪聪用一个什么故事让好朋友明白了自己的问题呢？

如果想知道，我们就一起走进这本智慧与幽默并存、温度与深度同在的《克雷洛夫寓言》，一起学着用故事讲道理吧！

多元感悟

孩子们，还记得《池子与河流》这篇课文吗？它的作者就是俄国著名寓言大师——克雷洛夫。

克雷洛夫个子很高，身体肥胖，灰白色的头发总是乱糟糟的。他的衣着也很邋遢，礼服经常是脏兮兮的，上面总有污渍，是一个生活中不拘小节的人。一次他被邀请参加宫廷化装舞会，他向朋友的妻子和女儿们请教该穿什么衣

7. 诗化的人生智慧

服，其中一位答道："您只要好好洗个澡，再梳理梳理头发，就谁也不会认出您来了。"

但就是这样一个不修边幅的人，却是俄罗斯及世界著名的寓言家、作家。童年的克雷洛夫酷爱读书，经常躲到教会学校的门外旁听，在那里他学习了拉小提琴，学习了意大利文，还学会了绘画。成年后的克雷洛夫写过剧本，办过杂志，翻译过外国文学作品，但都不太成功。后来在朋友的建议下，他开始尝试写寓言，这一写就一发不可收拾。1809年，克雷洛夫出版了他的第一本寓言集。他的寓言均用诗体写成，诗化的语言受到广大读者的喜爱，作品广为流传。当时甚至发生过克雷洛夫改写的拉封丹的寓言又被译回法语，并比原作还受欢迎的事情。1811年，他被选为俄国科学院院士。克雷洛夫十分勤奋，一生写了203篇寓言，50岁时学会古希腊文，53岁才开始学英文。他的作品生前就被译成十多种文字，与伊索、拉封丹一起，并称为"世界三大寓言家"。

克雷洛夫

这位作家笔下还有很多有趣的故事，让我们一起捧起书，走进他笔下的寓言世界吧！

说 共读故事

孩子们，还记得明明和聪聪的故事吗？

聪聪用一个故事让好朋友明明认识到了自己的问题，明明从此受到老师和同学们的欢迎。聪聪为什么想到要用讲故事的方法提醒自己的朋友明明呢？就是因为每一个寓言都藏着一定的道理。那为什么要将道理藏到故事当中呢？其实大家每天都在听老师、听家长讲各种生活的道理，可是当他们喋喋不休地讲道理时，你爱听吗？听得进去吗？如果我们换一种方式，将道理藏在故事中，是不是就不一样了呢？既听了故事，又明白了道理，何乐而不为呢？

在《克雷洛夫寓言》中，我们可以看到很多和动物相关又很有趣的故事，每个故事都蕴含着一定的道理，比如《狐狸和土拨鼠》《仁慈的狐狸》《想出国的苍蝇》《求救的狼》……看看下面的卡片，来说一说你的理解吧！

狐狸

身份：鸡的法官

装备：嘴巴

特点：虚伪

经历：因为经常偷吃鸡，被森林里的动物们指责。它不但不承认错误，反而说自己作为鸡的法官多么辛苦，多么尽责，可别人发现他的嘴边还沾着鸡毛呢。

虚伪值：★★★★★

出处：《狐狸和土拨鼠》

我的理解：<u>有些人虽然不承认曾经做过坏事，却不知道自己做过的一切都留下了痕迹。</u>

驴子

身份：神的子民

技能：抱怨

特点：傲慢

经历：驴子因为傲慢而不被大家喜欢，他却说是自己太小，希望神将它变大。神满足了他的想法，但他还是和以前一样傲慢，依旧不被人喜欢。

傲慢值：★★★★★

出处：《驴子》

我的理解：_____

大象

身份：森林领导人

装备：脑袋

特点：昏庸

经历：羊找大象哭诉狼要吃掉它们，但狼却谎称自己只是向羊征一张羊皮，糊涂的大象竟然同意了，还说只能从每只羊身上收一张羊皮，不能再多动羊的一根毫毛。

昏庸值：★★★★★

出处：《大象当政》

我的理解：_____

　　想要用故事来讲道理，首先要读懂故事，并且明白故事中蕴含什么道理。相信聪明的你一定有不少好方法，请你和小伙伴们交流一下吧。这里老师也给你几个小妙招：

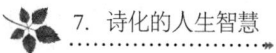

7. 诗化的人生智慧

妙招一 与人物聊聊天

每个故事都有主要人物，在读完故事后，可以尝试着和文中的人物聊聊天，尝试问他几个问题，这样就可以很快明白故事蕴含的道理了。比如读完《狐狸和土拨鼠》我们可以尝试问问狐狸：你说自己挺负责的，为什么嘴角还沾着鸡毛呢？

妙招二 留意开头和结尾

故事的开头和结尾都很重要，许多故事在结尾都会说明故事蕴含的道理，在阅读时要关注结尾哟！

妙招三 和实际比一比

许多寓言故事都和我们生活密切相关，在读故事的时候，可以和生活中类似的事情比一比，经过对比，你一定可以明白故事蕴含的道理。

让我们运用这些小妙招，一起走进书中那些生动有趣的故事吧！相信你能增长许多智慧呢。

读 赏析内文

想要用故事来讲道理，不仅要明白故事中蕴含的道理，还要把故事讲生动，这样才能更加吸引人，这一点正是《克雷洛夫寓言》最突出的地方。

狐狸与葡萄

在一个炎热的夏日，狐狸走过一个果园，它停在了葡萄架前。狐狸想：我正口渴呢。于是他后退了几步，向前一冲，跳起来，却没有摘到葡萄。狐狸试了又试，都没有成功，最后，它决定放弃，说："我敢肯定它是酸的。"猴子说："我种的葡萄我不知道吗？肯定是甜的。"猴子说着便摘了一串吃了起来，吃得非常香甜。

——《伊索寓言》

狐狸与葡萄

一只饥饿的狐狸钻进了果园,果园里一串串葡萄已经成熟。
狐狸见了眼睛发红,口水直流,水灵灵的葡萄像红宝石一样晶莹剔透;
可惜的是,它们都挂得太高,狐狸无论如何也够不到,
虽然眼睛看得见,可是牙齿碰不着。
狐狸白白折腾了整整一个钟头,最后还是不得不悻悻溜走。
它懊丧地说:"算了!这葡萄看上去挺好,
其实酸酸的——果实还未熟:吃一口定会倒牙,涩得难受。"

——《克雷洛夫寓言》

与《伊索寓言》相比,克雷洛夫的语句多么生动,简单的话语,让人感受到狐狸吃不到葡萄的失落。眼看着红宝石一般晶莹剔透的葡萄却吃不到,此时狐狸的心里该是怎样的不甘。为了安慰自己失落的心情,它只能言不由衷地告诉自己,葡萄是酸的!

诗一般的语言在克雷洛夫笔下流淌,流出一个个生动有趣的故事,这些故事像清泉般汩汩流进我们每个读者的心田,用文学滋养着我们的心灵……正如他的好朋友普希金称赞,说克雷洛夫是当时"最富有人民性的诗人"。

那么此刻,你准备把这个故事讲给什么样的人听呢?

你一定听过《农夫与蛇》这个古老的寓言故事,它出自《伊索寓言》,警示我们要明辨是非,千万不要对恶人心慈手软。克雷洛夫也写过一个《农夫与蛇》的故事。我们一起来看看又会有怎样的不同呢?

农 夫 与 蛇

蛇想住进农夫家里,
便跑来向农夫游说,
她说她会替农夫照料孩子,
她说劳动所得的面包才有味。

她还说:
"人类自古对蛇的看法我自知,
似乎蛇类具有最坏的品质:
无亲、无友、食子,还忘恩负义,

7. 诗化的人生智慧

<u>这一切足使他们声名狼藉。</u>　　　　　农夫说：
<u>也许世人所说都是实情，</u>　　　　　"＿＿＿＿＿＿＿＿＿＿＿
<u>我的蛇品可与此截然不同。</u>　　　　　＿＿＿＿＿＿＿＿＿＿＿
<u>我生平谁都未咬过，</u>　　　　　　　　＿＿＿＿＿＿＿＿＿＿＿
<u>我最最怨恨各种恶行。</u>　　　　　　　＿＿＿＿＿＿＿＿＿＿＿
<u>我愿拔去我的牙齿，</u>　　　　　　　　＿＿＿＿＿＿＿＿＿＿"
<u>如果没有牙齿也能生存。</u>　　　　　我的寓言中的含意，
<u>我是蛇中最善良者，</u>　　　　　　　父老们，你们可能领会？
<u>你的孩子我将钟爱万分。"</u>

这条蛇可谓是巧舌如簧，口吐莲花。表面上，她把蛇的缺点都说了一遍，不过她说的可是别的蛇，而不是自己，自己可是一条无比善良的蛇，生平没咬过人，愤恨各种恶性。她甚至愿意把自己的牙齿拔去，一条多么正直真诚的蛇呀。如果你是农夫，你愿意让蛇来照顾自己的孩子吗？你准备如何回答这条蛇的请求呢？

我的回答：＿＿＿＿＿＿＿＿＿＿＿＿＿＿＿＿＿＿＿＿＿＿＿＿＿＿
＿＿＿＿＿＿＿＿＿＿＿＿＿＿＿＿＿＿＿＿＿＿＿＿＿＿＿＿＿＿＿
＿＿＿＿＿＿＿＿＿＿＿＿＿＿＿＿＿＿＿＿＿＿＿＿＿＿＿＿＿＿＿
＿＿＿＿＿＿＿＿＿＿＿＿＿＿＿＿＿＿＿＿＿＿＿＿＿＿＿＿＿＿＿

孩子们，你发现了吗？《克雷洛夫寓言》不同于伊索、拉封丹等人的道德训诫寓言，它有极强的故事性和极强的趣味性，又蕴含着极深刻的道理。正如俄国作家别林斯基说的："克雷洛夫的寓言不单是寓言，更是小说，是喜剧，是幽默的特写，是辛辣的讽刺文学作品。总之，怎么说都可以，就是不是简单的寓言。"

读到这里，让我们赶紧拿起书，一起去品味那诗化的人生智慧吧！

写 互动延展

孩子们，还记得明明的困惑吗？其实明明的问题就在于，不论出现什么问

题，他总觉得是别人的问题，永远不从自己身上找原因。假如你是聪聪，你会选择书中的哪个故事讲给明明听？聪聪就是从下面三个故事中选择的。读过之后想一想，你觉得聪聪选的是哪一个？

　　□《农夫与斧子》　　□《蜜蜂与苍蝇》　　□《驴子》

　　其实，每一个寓言故事里都能找到生活中的影子。当你认识到问题，并能用讲故事的方法说明道理的时候，你就掌握了说话的技巧，让我们一起来尝试一下吧！

情境一　红红的困惑

　　"别人一有困难，我总会及时伸出援手，帮别人解决困难。可有时候我热心帮了别人，别人却并不领情，反而说我笨，嫌我多事，难道我真的错了吗？"

　　如果你是她的好朋友，你会选择一个什么故事来安慰她呢？

　　我会选择《　　　》这个故事来安慰红红。我会这样说：

　　"红红，别伤心，你做的没错，我们都喜欢你的热心，可有些人就是这样。你没听过《　　　》的故事吗？"

情境二　自卑的小华

　　小华是个十分优秀的小男孩，可是他自己却总觉得自己很普通，有些自卑。

　　你会给他讲一个什么故事，让他自信起来呢？

　　我会选择《　　　》这个故事来鼓励小华。我会这样说：

　　"小华，你是一个很有才华的人，你还记得上次……最重要的是你要自信。你没听过《　　　》的故事吗？"

　　我国著名儿童文学家严文井曾说："寓言是一个魔袋，袋子很小，却能从里面取出很多东西来，甚至能取出比袋子大得多的东西。寓言是一个怪物，当它朝你走过来的时候，分明是一个故事，生动活泼；而当它转身要走开的时候，却突然变成了一个哲理，严肃认真。寓言是一座奇特的桥梁，通过它，可以从复杂走向简单，又可以从单纯走向丰富。在这座桥梁上来回走几遍，我们

7. 诗化的人生智慧

既看到了五光十色的生活现象，又发现了生活的内在意义。寓言是一把钥匙，这把钥匙可以打开心灵之门，启发智慧，让思想活跃。"

　　让我们走进寓言，将寓言作为生活的工具，用寓言打开自己生活中那片充满阳光的天地吧！

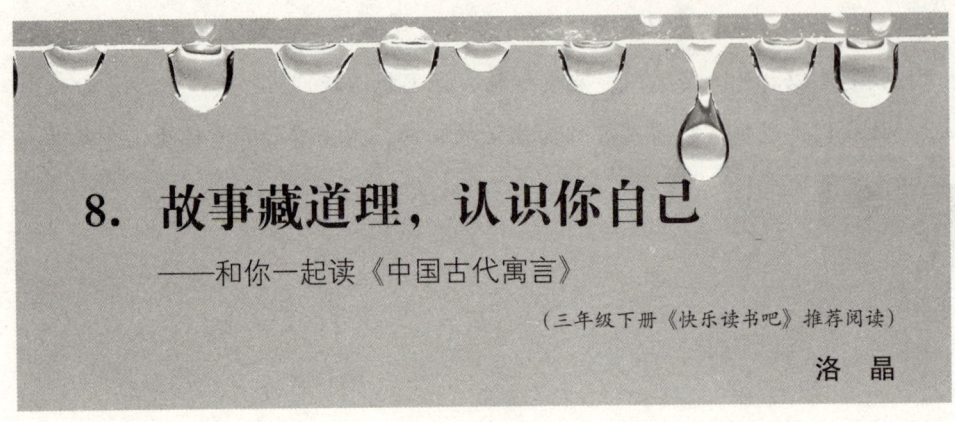

8. 故事藏道理，认识你自己
——和你一起读《中国古代寓言》

（三年级下册《快乐读书吧》推荐阅读）

洛 晶

特色导读

亲爱的孩子们，你即将翻开的这本书，是一本能带给你快乐的书，它由一个个短小而独立的故事组成，每个故事都轻松有趣，读起来既好玩又发人深省。

当你捧起这本书，就开启了一段快乐而奇妙的旅程，一段探秘古人、破解寓言、认识自己的奇妙之旅，它会带你穿越到数千年前的中国，与古人会面，看看他们的生活；听古人对话，了解他们的故事。当然，如果你愿意，尽可以参与进去，和古人聊聊天，讲讲你身边的故事……

相信你们的旅途会非常愉快，相信你们的故事会让彼此都有所收获。

多元感悟

从一年级到现在，我们在语文书中已经听过很多寓言故事了，比如《小猴子下山》《坐井观天》《寒号鸟》《我要的是葫芦》《刻舟求剑》，还有《寓言二则》中的《亡羊补牢》和《揠苗助长》。

你的脑海里是不是已经浮现出一个又一个的故事内容了？这些小故事基本都来自我国古代，主人公通常以人为主，也有动物和鬼神。那么，寓言故事和我们从小听妈妈讲的故事有什么不同吗？著名儿童文学家严文井曾说，寓言是一个魔袋，袋子很小，却能从里面取出很多东西来……不错，我们常用"小故事大道理"来形容寓言故事。"寓"有寄托、隐含的意思，把道理寄托、隐藏在故事里，就是"寓言"。

我们先来听听《望洋兴叹》这个寓言故事，请你边听边试着找找隐藏在故事里的道理。寻找办法：请此刻离你最近的一位家人或伙伴帮忙读下面的文字，你一定要全神贯注地听，看看哪个词能让你一下就领会到故事的道理。

望洋兴叹

河伯是黄河之神。他看到黄河滚滚而来的大水，汹涌澎湃，气势雄壮，无数支流汇合而入，河面非常宽阔，隔岸望去，辨不清牛马与人。于是，河伯扬扬得意，认为自己是最了不起的了。

河伯顺着水流向东走去，来到大海。面对辽阔无际的大海，他才意识到自己太渺小了。

他望着极目无边的海洋，感叹道："有的人懂得了一点儿道理，就目空一切，认为自己了不起。我就是这种可笑的人。今天，我见到了海洋，才知道自己的渺小，假如我今天不来到大海的面前，那就会一直错下去，成为天下众人所耻笑的对象！"

你抓到这个词了吗？它是不是"感叹道"？这个关键词出现在故事的最后一段。这种抓关键词的办法，既能锻炼你的专注力，又能训练你捕捉信息的能力，重要的是，还能帮你快速锁定寓言故事中的"道理"。你愿意再试一试吗？

邹忌比美

邹忌是一个长得还算漂亮的男子。一天早上，他穿好衣服，对着镜子，问他的妻子说："你看我和那住在城北的徐公哪个漂亮些？"妻子答道："你很漂亮，徐公哪能比得上呢？"

徐公是齐国有名的美男子。邹忌不相信自己会比徐公更漂亮，所以又去问他的妾："你看，我和徐公比，哪个漂亮些？"妾也这样回答："徐公哪能比得上你呢？"

过了一天，有个客人来访，邹忌顺便问了问客人，客人的回答也同样是：徐公没有他漂亮。

又过一天，徐公来了，邹忌就把徐公的面貌、身材、姿态等各方面都仔细打量了一番，又暗中和自己相比，始终看不出自己比徐公漂亮。徐公走后，他又去照了一回镜子，更觉得自己比徐公逊色。

邹忌为这事睡不着觉。他想了又想，终于得出一个结论：

"妻子对我有偏爱，当然要说我漂亮；妾呢，她是怕我的，所以也说我漂亮；至于客人的当面奉承，那还不是因为他有求于我吗？"

这次你抓到的关键词是不是"结论"？它也出现在故事的最后。这一"发现"有没有让你很兴奋！快去书中找找，还有哪些这样的关键词。

寓言的道理，一般"藏"在最后告诉你。隐藏指数 ★

《望洋兴叹》和《邹忌比美》都是战国时期的寓言故事，都告诉我们要正确看待自己。听了这两个寓言故事，你有没有联想到《坐井观天》里的青蛙呢？它是不是也和河伯、邹忌一样，在经历了特殊的事情之后才正确认识了自己呢？更巧的是，《望洋兴叹》和《坐井观天》都出自《庄子·秋水》，这部著作的作者是我国战国中期的思想家——庄子。在世界文学史中，寓言有三大发源地：古希腊、古印度和中国，而"寓言"一词最早是由我国的庄子提出来的。另外，"望洋兴叹"和"坐井观天"后来还成为成语，广泛运用于我们的日常生活中。去翻看《中国古代寓言》的目录吧，你会发现更多用"成语"做题目的寓言故事。所以，寓言是汉语成语的来源之一哦。

说 共读故事

《鹬蚌相争》是寓言故事，也是成语故事，它和《邹忌比美》都出自西汉末年刘向编订的《战国策》。这是一部历史学名著，主要记载了战国时期的谋臣策士游说国君的政治主张和策略。而寓言就是他们常用的游说技巧。你能猜猜能言善辩的策士要用《鹬蚌相争》的故事向君主说明什么道理吗？快来一起读一读。

8. 故事藏道理，认识你自己

鹬蚌相争

一只蚌张开蚌壳，在河滩上晒太阳。一只鹬从蚌身边走过，就伸嘴去啄蚌的肉。

蚌一下子合上了壳，把鹬的嘴紧紧夹住。

鹬用尽力气拔嘴，可是怎么拔也拔不出来。

蚌也脱不了身，不能回到河里去。

鹬和蚌就争吵起来了。

鹬说："今天不下雨，明天不下雨，你就干死了！"

蚌说："今天不放你，明天不放你，你就饿死了！"

蚌和鹬吵个不停，谁也不肯让谁。这时候，有个渔翁看见了，就把它们一起捉住了。

是不是感觉有点难？故事中并没有发现我们刚才说的那些关键词！

是的孩子们，这个时候一定不要着急。古语道："书读百遍，其义自见。"反复读读故事，你就会有新发现。

反复读后，你有没有抓住这样的关键句："蚌和鹬吵个不停，谁也不肯让谁。这时候，有个渔翁看见了，就把它们一起捉住了。"这个藏在故事最后的句子似乎要和我们说明点什么，但又遮着一层面纱，隐隐约约的，像在和我们玩捉迷藏！

> 寓言的道理，不会直接告诉你。隐藏指数 ★★

这种"隐藏"在中国古代寓言中，尤为突出。这是为什么呢？原来它和我们中国古代寓言产生的背景有关：春秋时期，寓言多在民间口口相传。到了战国时期，群雄争霸，战争不断。为了自保，一些小国便聘请一些谋臣策士，去劝说那些大国放自己一马，或去其他小国商议结盟。由于策士要劝说的是国君，地位的悬殊、等级的森严，决定了他们需要极高的表达技巧才可能成功。寓言，这种令人心悦诚服的说理方式，就在这样的中国文化背景下应时而生了。

上面这位策士借《鹬蚌相争》的寓言故事成功劝说对方国君了吗?我们继续读故事……

> 有一次,赵国想攻打燕国。燕国请策士苏代去游说赵王。苏代见到赵王,却没有直接说明来意,只是装作不经意地说:"我来的时候路过易水,看到了一个很有趣的事情,大王要不要听呢?"赵王很感兴趣地说:"那就请你讲一讲吧。"苏代便讲了上面《鹬蚌相争》的故事……
>
> 苏代接着说:"大王,您和燕国国力相差并不是特别大,两国交战,一定会僵持不下,时间一长,双方都无法承受这样的消耗。我担心,到那个时候,强大的秦国恐怕就要来扮演渔翁的角色了。请大王三思而后行。"赵王觉得很有道理,于是不再提攻打燕国的事了。

历史上,有时谋臣策士的几句话,可能就会让两国避免一场战争。苏代见到赵王,没有直接说明来意,而是给赵王讲起了故事。这样的表达,动之以情、晓之以理,使人很容易理解和接受,于是免去了一场战争。

亲爱的孩子们,听到这里,你是不是已经被苏代的游说智慧所折服呢?这就是语言的艺术,这就是寓言的魅力。去读书吧,书中还有很多这样的故事,它们让我们在莞尔一笑间,掩卷沉思,又深深佩服……

但是,同学们可能会问:如果没有后面补充的故事,我们要读懂《鹬蚌相争》的道理,是不是还是有点困难呢?别着急孩子们,老师来给你支着儿,让我们一起挖地三尺寻"道理"。

第一招 抓住关键语句

除了抓故事中的关键词,我们还可以关注故事中的一些关键句,来帮助我们破解寓言的道理。在读《鹬蚌相争》的时候,你关注到这些语句了吗?

> 鹬说:"今天不下雨,明天不下雨,你就干死了!"
> 蚌说:"今天不放你,明天不放你,你就饿死了!"

你发现了吗?故事中常常会有这样相似的语句、重复的情景。比如《邹忌比美》中，邹忌对妻、妾、客的三问三答，也是重复、相似的。这不仅使讲述者方便记忆，使听众加深印象，更为我们认识人物形象、破解隐藏的道理埋下了伏笔。有这样特点的寓言故事还有很多，像《塞翁失马》《不宜动土》《蝙蝠》《猫的名字》等，快去书中找找吧！边读边画下这些"相似"和"重复"，多读几遍，相信你一定会有自己对人物和故事的"心"感受。

以《鹬蚌相争》为例，请你尝试把这种"心"感受用几个词语和大家分享。

第二招 读懂故事内容

抓住故事中的关键词句和新鲜词句，仅能帮助我们快速锁定寓言浅层的道理；想要真正读懂含义丰厚的寓言，还是要在读懂故事内容上下功夫的。

还以《鹬蚌相争》为例，故事内容一直在鹬鸟和河蚌之间展开，直到渔翁出现，我们眼前似乎才乍现了一道光。这道光，是故事内容的转机，是人物矛盾的转机，更是寓言道理的转机。渔翁最后的出现，旨在为故事的寓意服务。

孩子们，请你现在再去回看"第一招"中你写的两个"心"感受，是不是觉得不够全面呢？所以，能读懂寓言道理的孩子，一定是认真品读故事内容的孩子。

> 寓言的道理，要经历内容的转机。隐藏指数 ★★★

第三招 体会故事道理

读懂故事内容后，你就离故事背后的道理不远了。我们可以有多种方式架通"故事"通向"道理"的桥梁。

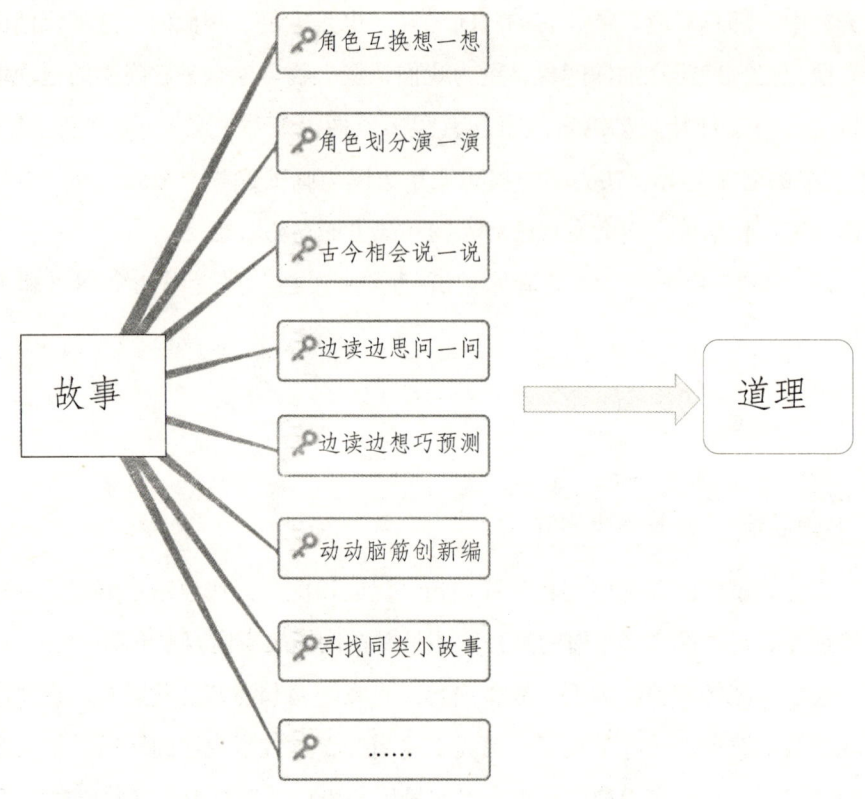

与古人角色互换，和古人会面，可以让我们真正走进故事，身临其境，感悟道理；一边读故事一边动脑筋思考，可以让我们深入走进故事，体悟道理，建立自己的思想；如同《望洋兴叹》《邹忌比美》和《坐井观天》，在阅读中寻找同类小故事，可以让我们走进一类故事，触类旁通，延展道理……

当然，这些通向"道理"的桥梁绝不止于此，同学们可以补充；这些桥梁也决不唯一，它们可以互相沟通。总之，你们的智慧是无穷的，集体的智慧是强大的。让我们和小伙伴、和父母老师共读智慧故事，共商通途大策。

读 赏析内文

亲爱的孩子们，你们在读了苏代游说赵王的故事后，除了佩服苏代的智慧和语言外，有没有渴望自己也能在人际交往中这样游刃有余呢？老师班上有一些同学在阅读积累了一些寓言故事后，也学习古人的智慧，把它们积极运用到了自己的生活中。

8. 故事藏道理，认识你自己

生活就是寓言

小田同学对队友说：

　　足球赛场上，我们班正与邻班打友谊赛，结果我们班的两个队友因为战术不合争吵了起来，让对方有了可乘之机，攻入一球。场下的我为队友的不和着急。我利用中场休息，对他们进行了开导和劝诫，我给他们讲了"鹬蚌相争，渔翁得利"的故事。他们都觉得很惭愧，互相道歉，握手言和。也因为这个寓言故事，我们班下半场的比赛打得更团结有力，从而赢得了胜利。

思玥同学对自己说：

　　在学习知识的道路上，如果不及时复习，时间久了就会遗忘，新学的知识就会丢失。这个现象让我想到了"亡羊补牢，为时不晚"的寓言故事。"知识"就好比是"羊"，学习是修建栅栏的过程，如果不及时复习，栅栏上就会出现窟窿；而及时复习就能帮你补上窟窿。这样，"羊"不再丢失，大羊生小羊，小羊再长大，我们的"羊"（知识）就会越来越多。我用这个寓言轻松地明白了复习的重要性。

妈妈对"我"说：

　　原来上课，我总是听老师讲到一半，觉得自己会了，就不再认真听讲了。妈妈知道后，没有批评我，而是给我讲了"囫囵吞枣"的故事。原来，笼统地学，是不会学到真正的知识的，就好比把枣整个咽下去，怎么能消化得了呢？现在上课，我课堂上从头到尾，紧紧跟着老师，老师还常表扬我注意力集中。感谢妈妈给我讲的故事，让我改掉毛病。这比生硬的说教效果好得多！

姥姥对"我"说：

　　我的姥姥喜欢看法制类节目。节目中常会有这样的案例：当事人不分黑白，善意地帮助了一些"恩将仇报"的人，结果反倒害了自己。复杂的案情，让我看不大明白，于是姥姥给我讲了"东郭先生"的故事。原来那些当事人就是糊涂的东郭先生，对生性凶恶的狼是不值得施仁慈的。听了这个故事，我觉得我们小朋友也要培养自己分辨是非的能力，不能轻易相信坏人的话，保护好自己。

> 真正会读寓言的孩子,是和自己建立联系的人。隐藏指数 ★★★★

读了他们的例子,你是不是觉得自己也能行呢?是的,只要真正读懂故事,勤于思考,善于联系,你也能成为现代的"苏代"。

亲爱的孩子们,让我们读一读下面的寓言故事,再联系自己生活中的人和事想一想,你能和上面的同学一样,巧妙地用一用吗?试着填一填下面的表格,帮你梳理思路。

守株待兔

宋人有耕者。田中有株。兔走触株,折颈而死。因释其耒而守株,冀复得兔。兔不可复得,而身为宋国笑。 ——《韩非子》

滥竽充数

齐宣王使人吹竽,必三百人。南郭处士请为王吹竽,宣王说之,廪食以数百人。宣王死,湣王立,好一一听之,处士逃。 ——《韩非子》

郑人买履

郑人有欲买履者,先自度其足而量之其坐。至之市而忘操之。已得履,乃曰:"吾忘持度。"反归取之。及反,市罢,遂不得履。人曰:"何不试之以足?"曰:"宁信度,无自信也。" ——《韩非子》

鹬蚌相争

蚌方出曝,而鹬啄其肉,蚌合而拑其喙。鹬曰:"今日不雨,明日不雨,即有死蚌。"蚌亦谓鹬曰:"今日不出,明日不出,即有死鹬。"两者不肯相舍,渔者得而并禽之。 ——《战国策》

《守株待兔》是我们课本中的一则寓言小古文。这几篇寓言文字简短,语言精练。这里,除了《鹬蚌相争》,其他三篇都来自典籍《韩非子》。在中国古代寓言中,尤以诸子百家中的《庄子》和《韩非子》收录最多。

寓言故事	主讲人	我生活中的"寓言故事"
守株待兔		
滥竽充数		
郑人买履		
鹬蚌相争		
……		

亲爱的孩子们,老师现在越来越认定,你的这段旅程不光拥有探秘古人和寓言的奇妙,更有探秘自己和生活的收获。不同的历史时代,相同的思考启迪。这应该就是古代寓言能流传至今的艺术魅力吧!

让我们借古人智慧,照亮成长中的自己!

写 互动延展

亲爱的孩子们,在这段奇妙的探秘旅程中,还可以进行很多有趣的活动:

★中国古代寓言,大体涵盖了上至春秋战国,下至唐宋元明清时期的内容。同学们可以自制一个"历史朝代演进图",在读每个故事的时候,圈出它坐标的"历史朝代"。常言道:读史使人明智。一边读寓言故事,一边习中国古代史,双重智慧的叠加,定会让你的智慧爆表。

★寓言是生活的一面镜子。我们可以常用这面镜子照照自己,认识自己,也可以帮助他人照一照。试做一名"小小外交官",于助人自助中,传承我们中华优秀的传统文化。

★如果你还是个留心观察生活、善于思考总结的孩子,你可以用学到的寓言知识,创编属于自己的《寓言手册》。

相信这样的传统文化之旅一定会让你流连忘返!

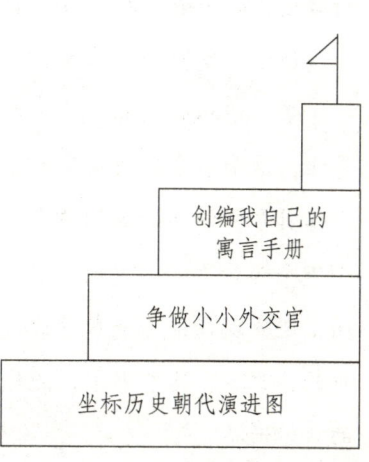

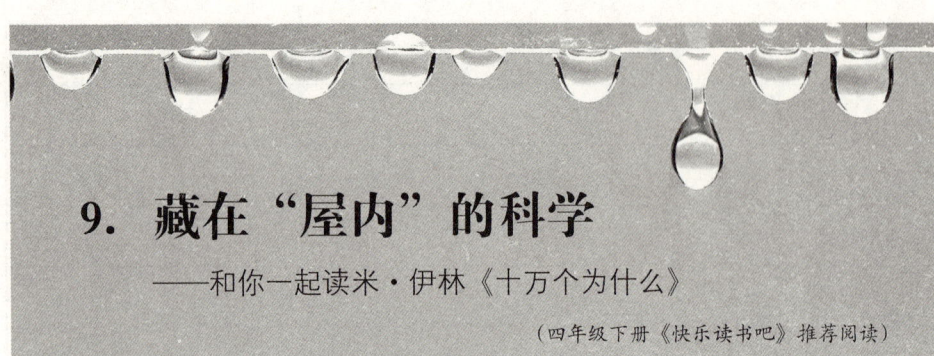

9. 藏在"屋内"的科学
——和你一起读米·伊林《十万个为什么》

(四年级下册《快乐读书吧》推荐阅读)

裴明珠

特色导读

为什么铁会生锈?

为什么面包放久了会发硬?

为什么水能带走脏东西?

……

哪本书会告诉我们这些问题的答案呢?一起来读米·伊林的这本《十万个为什么》吧!

说起《十万个为什么》这个书名,相信大家一定都不陌生,你的书架上可能也会有一本《十万个为什么》,这个已经被广泛采用的书名,作为中国少儿科普读物的一个系列丛书,早已承载了几代青少年的阅读记忆。

但今天我们翻开的这本《十万个为什么》,却是与众不同的一本。

米·伊林的这本《十万个为什么》,是所有《十万个为什么》系列丛书的鼻祖,这个书名最早就是由苏联作家米·伊林最先使用的,它是取自获得1907年诺贝尔文学奖的英国作家卢·吉卜林的一句话:"五千个哪里,七千个怎样,十万个为什么。""十万"是个虚指,用来形容很多。不仅如此,它的与众不同,还表现在这是一本带你在"屋内"旅行的书,屋子里原先各种不起眼儿的东西,都会在这本书中,为你呈现出前所未有的奇妙魅力,带你走进我们身边的科学世界。

9. 藏在"屋内"的科学

听 多元感悟

这位从屋内平凡事物中发现无限多的科学秘密,又把这些科学秘密讲得津津有味的人,就是本书的作者米·伊林。想了解这位了不起的作家吗?

关于作家

米·伊林是苏联的一位杰出的自然科学家、科普作家。当他和大家一样,还是个孩子的时候,就十分热爱读书,喜欢大自然,还喜爱做各种科学实验。9岁开始,米·伊林就写了很多有关火星、热带森林、美洲豹和鳄鱼的诗,这一切都为他日后用诗一样的语言创作生动有趣的科普作品打下了坚实的基础。

虽然米·伊林已经离开我们快70年了,但他的作品却影响着后代无数的科普作家和青少年,对我国科普创作界也产生了很大的影响。中国老一辈的科普作家和20世纪50年代成长起来的许多科普作家,都从米·伊林的作品中受益匪浅。我国著名的科普作家高士其就曾在《人民日报》上评价米·伊林的作品"内容丰富,文字生动,思想活泼,段落简短"。

在米·伊林的这本《十万个为什么》中,我们会读到许多关于"屋内"各样物品的问题,因为米·伊林认为"你屋内的事物,每一件都是一个谜"。在提出一个让你饶有兴味的问题之后,他又总会用有趣、充满热情的回答,为你揭开每个故事的谜底。他的作品就是这样语言活泼而又逻辑严谨,既适合儿童,也吸引着成人。快来和你的家人、朋友一起读读这本《十万个为什么》吧!

说 共读故事

《十万个为什么》的封面上有这样的一行字——献给愿意在自己家里做一次旅行的人。原来,米·伊林的这本《十万个为什么》是一本"在屋子里边走边写的书",它就像是一本导游书,采用"屋内旅行记"的方式,为那些愿意在家里做一次有趣的旅行的人准备了一本导游手册。

翻开书的目录，你还会有更多有趣的发现。目录中，文章的题目都是一个个小问题：人们什么时候开始洗澡？为什么用水来洗涤？人怎样迫使肥皂泡工作？为什么我们要喝水？水会不会炸毁房屋？……你的小脑袋里会被越来越多这样的问号填满，就像无数个小精灵在迫不及待地邀请你，快来翻开这本书一探究竟吧！

同时，你还会发现，目录里有几个像"站牌"一样奇怪的提示："第一站""第二站""第三站"……看来，这就是作者"屋内之旅"的路线：

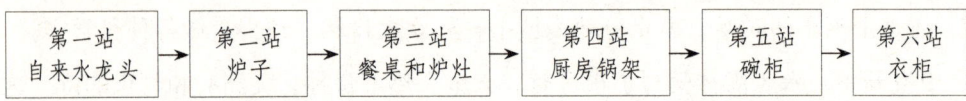

读一本好书，就像是开启一场奇妙的旅行。在作者米·伊林的带领下，我们即将在屋子里开始一场共计六站的有趣旅程。自己的屋子，这个平时身在其中、再熟悉不过的地方，即将揭开它神秘的面纱，在我们面前呈现出一个既陌生又奇妙的新世界。孩子们，你们准备好了吗？当然，这次旅行我们不需要带指南针和帐篷，只需要带着自己聪明的头脑，带着一路的好奇和思考，翻开书的下一页。

> 屋内旅行记，具体有什么值得期待的地方呢？来看米·伊林是怎么说的。

或者问你：水为什么能灭火？

我的一位熟人回答说："水能灭火，因为它又湿又冷。"可是煤油也又湿又冷，你倒试试用煤油来灭火吧！

不，你还是不试为好，一试就得报火警了。

你看，问题挺简单，可是要回答它却不那么容易。

我再给你猜十二个关于最简单事物的谜，你愿意不愿意？

一

穿三件衬衣暖，还是穿一件三倍厚的衬衣暖？

9. 藏在"屋内"的科学

二

有没有用空气筑成的墙壁？

三

火有没有影子？

四

为什么水不会燃烧？

五

水会不会炸毁房屋？

六

炉子里火旺的时候，为什么呼呼直响？

七

为什么啤酒会咝咝作响，并且起泡沫？

八

有没有透明的铁？

九

为什么面包芯里都是小孔？

十

炉子里有火所以使人暖和，皮袄为什么能使人暖和呢？

十一

为什么熨烫呢子衣服要垫一块湿布？

十二

为什么在冰上能着上冰刀滑溜，在地板上却不行呢？

这些问题，十位读者中间未必有一位能回答得出。

关于我们周围的事物，我们知道得很少，而且也没有人可以问。

其实，我们每天居住的屋子，是一个奇妙的世界，这里许多不起眼儿的东西，都藏着巨大的秘密。你是否也像米·伊林一样，有无数个谜题等待解答呢？在这场与众不同的科学之旅中，相信你一定能寻找到答案！

生活中，只要我们细心观察和思考，就一定能在平凡的事物中有了不起的发现。

赏析内文

第一站：自来水龙头

看着水龙头里哗哗流出的水，我们不禁会思考：为什么用水来洗涤？这个问题看起来简单，自打我们懂事起，就一直是用水来清洗，似乎早已习以为常，却从来没有想过去探究根源。为什么水能清洗掉污垢呢？仅仅是因为水能十分容易地带走污垢吗？水能直接冲走所有的污垢吗？

阅读科普文章时，可以尝试从不同的角度思考，来提出自己的问题。

为什么用水来洗涤？

为什么水能洗掉污垢？也许它只是简单地带走污垢，就像河水带走扔下去的木片那样？

那就来试一试。把脏手放在自来水龙头下面冲。它会不会变干净呢？

恐怕不会。你知道没有人会这样洗手的。我们洗手的时候，总是用一只手去搓另一只手。为什么要这样？为了把污垢擦去、刮去。

洗衣服也正是这样。我们不是把衣服放进水里就算了，而是要搓洗它——用手搓，甚至用刷子刷。

搓洗衣服，这就是从衣服上搓下污垢，就像我们用橡皮从纸上擦去写的字迹一样。污垢一经清除下来，水就不难把它冲走了。

读到这里，我们不妨也回忆一下自己洗手时的经历，当我们把沾满污垢的小脏手放到水龙头下面冲洗时，是不是仅靠水的冲刷就能够洗干净手呢？当然是不能的。我们洗手时，要想把手洗干净，往往会不停地揉搓，用两只手互相配合，一只手搓另一只手。为什么这么做呢？往后读一读，书中告诉我们，原来，是"为了擦除、刮掉污垢"。当然，有的孩子还会思考：我们洗手时，不是还会用到肥皂来帮我们洗干净污垢吗？是的，肥皂也很重要，要想知道更多肥皂在清洁污垢时所起的作用，你就读读下一篇文章《人怎样迫使肥皂泡工作?》来了解吧！

水和我们的生活、生命息息相关。第一站《自来水龙头》，不仅让我们了解到几百年前人们用水的窘迫，水在现实生活中的重要作用，也让我们看到它在特定条件下，也可能带给人们的威胁与伤害，从而让我们知道，应该更加珍惜现有的水资源，合理地利用水资源。

> 阅读科普文章时，可以结合自己的生活经验，联系上下文，来理解其中的问题。

第二站：餐桌和炉灶

接下来，我们到第二站看一看这里的"厨房实验室"。

原来，科普文章的语言也可以这么生动有趣呀！作者把火焰、茶壶、煎锅等事物描写得多么生动形象，实在是太有意思了。

> 阅读科普文章时，可以在有疑问、有体会、有启发，或者文章精彩之处写下自己的批注。

厨房实验室

<u>干燥的松树劈柴烧得旺旺的，毕剥作响。愉快的火焰像个乡村的乐师，使得聚会在炉灶上的群众都蹦蹦跳跳；蓝色的搪瓷茶壶把自己的盖子像帽子一样抛向空中，回头又立刻接住；生铁的平锅吱吱地响，高兴得直颤动；连那大铜炖锅也忘记了自己的尊严，在用力翻滚着把沸水溅到自己的邻居——卑微的生铁小锅上。</u>

照你的说法，这是厨房；照我的说法，这却是化学实验室。

正像在化学实验室里一样，这里一种物质变成另一种物质，变得和原来的物质完全不相像。

许多不太明白的事就发生在这些炖锅、瓦钵、小锅里。

在一只普通厨房用的瓦钵里，不大的一块面团突然活了起来，开始长大，长得比钵边还高。

一块肉放在炖锅里，个把小时之后就变了样子，变得认不出来了：分成了一丝一丝的纤维，只是还连在一起，由红色变成了灰色。刚才还是坚硬的马铃薯，一会儿就变得又软又酥。创造所有这些奇迹的不是什么化学家，而是腰系围裙、卷起双袖的最普通的家庭主妇。

这位妇女，她围着炉灶忙碌着，不会想到她的瓦钵和小锅里在起什么变化。比如，她知道不知道煮马铃薯的时候发生了什么变化呢？

为什么面包放久了会发硬？为什么面团里放上酵母会发起来？面包芯里的小孔是从哪里来的？……越往后读，你越会感觉到这趟屋内的旅行充满了吸引力，你会不知不觉地往后翻书页，总觉得意犹未尽。当你读到《为什么面团里放上酵母会发起来？》这个题目，可能会为"酵母"这个词停留一会儿，它是什么意思呢？不太理解。这个时候，可以去请教你的爷爷奶奶、爸爸妈妈，或者其他长辈，还可以翻开字典，查查资料，原来，"酵母"就是能使有机物发酵的真菌，也称"酵母菌"。了解了这些之后，你的好奇心会越来越强，面团真的会变大吗？不妨亲自动手去试一试吧！

在接下来的屋内旅行中，我们还会遇到许多有趣的问题，它们还是藏在我们身边平凡的事物中。但正如米·伊林所说，屋内的事物，每一件都是一个谜题。相信，你一定能跟随作者米·伊林，一起走完这场有趣的屋内之旅，神秘的科学之旅。

阅读科普文章时，遇到专业术语，可以通过询问家长或者查找资料来解决。

9. 藏在"屋内"的科学

写 互动延展

科学离我们并不遥远，它就在我们的身边，只要你有一双善于发现的眼睛，细致地观察身边的事物，大胆提问，耐心探究，你就一定能发现藏在平凡事物中的科学奥秘。

科学是客观存在的，能够帮我们更好地认识世界；同时科学也是不断发展的，随着时间的推移，会产生新的知识。由于米·伊林的作品写在20世纪20年代，随着社会的发展，书中的一些科学问题已经有了新的研究成果，我们在今天读这本书的时候，你也许会发现这样一些变化。比如，铁在当时作为最坚固的材料，被许多国家用来建桥梁和车站，但在今天，混凝土、钢材和其他的新型材料早已取代了铁，成为更坚固的建筑材料。书中还介绍了一种空气制的墙壁，保暖性好，用空心砖建筑的房屋比用实心砖建筑的暖和得多。但在今天，钢筋水泥已替代了砖，人们也已解决了房屋内供暖的问题……

你在自己的屋内旅行中，是否也有这些新发现、新思考呢？把你的发现和思考整理出来吧！

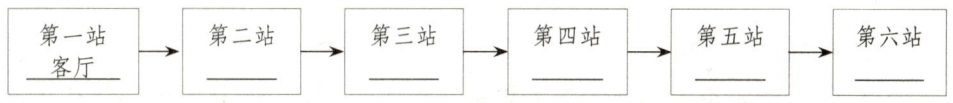

同学们，你们还想知道哪些屋内之旅的谜底呢？还知道哪些书中提到的科学问题已经有了新的研究成果呢？未来会不会有更先进的科学成果来丰富、改善我们的生活呢？孩子们，快去阅读更多的科普作品，或者通过查找资料，试着回答这些问题吧，说不定，你也能写出一本属于你自己的《十万个为什么》。

科学的世界很大，有无边无垠的领域等你去探索。

科学的世界很小，它可能就藏在"屋内"，就在你的身边。

怀着对这个世界的好奇，去发现更多的秘密吧！

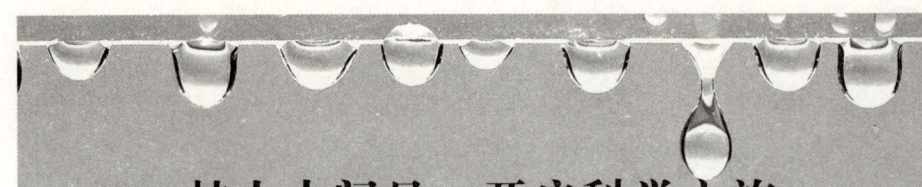

10. 挂上小问号　开启科学之旅
——和你一起读中国的《十万个为什么》

(四年级下册《快乐读书吧》推荐阅读)

王　卿

特色导读

亲爱的小读者们，从一出生，这个世界就有很多秘密等着我们揭晓。我们对这个世界充满好奇，也会不停去追问"为什么？"你想知道这些问题的答案吗？快来读一读这套科普作品吧！说到科普作品，你也许马上想到了苏联作家米·伊林的《十万个为什么》。其实，我们中国也有一套书叫作《十万个为什么》。这套书，已经有50多年的历史。它的宣传口号是"一辈子用得着，几代人忘不了"；我们敬爱的周总理身边曾经也常备一套，方便随时翻阅；1998年，这套书还获得了我国的"国家科技进步奖"呢！

多元感悟

"蓝天、森林、大海、过去、现在、未来，述说着自然的奥秘，科技的精彩……"这是统编教材四年级下册第二单元的人文主题，体现了自然与科技的结合。科普文章在小学语文教材中占有一定的比例，体裁也比较多样，比如，一年级上册的《影子》和《比尾巴》是科普类儿歌；一年级下册的《小壁虎借尾巴》和《棉花姑娘》等是科普类童话；二年级上册的《植物妈妈有办法》是科普类韵文；二年级下册的《太空生活趣事多》是科普知识短文；三年级上册的《花钟》和《蜜蜂》是叙事性科普文，还有四年级的《蟋蟀的住宅》《呼风唤雨的世纪》《飞向蓝天的恐龙》，五年级的《鲸》和《松鼠》，六年级的《草虫的村落》，这些都是科学散文。科普类文章的学习贯穿了整个小学六年，我们从小沐浴着科学知识的光辉，多么幸福啊！

　　小学语文教材中的科普知识，在中国的《十万个为什么》中都有涉及。这套书分三大板块，共18卷书。翻开目录，你发现题目的奥秘了吗？映入眼帘的全是"为什么"，整套书共有4500个问题，这些问题大部分是向少年儿童征集来，然后由几百位科学家组成编委会，精心编写的内容，充满了趣味性。现在，你可以去问爸爸妈妈，或许他们也是读着这套书长大的呢。

说 共读故事

　　这套书会为我们解答各种问题：从浩瀚的宇宙到神奇的地球，从可爱的动物到美丽的植物，从便利的交通到奇妙的人体，从日常的生活到悠久的历史……小读者们，让我们乘着中国的《十万个为什么》这趟列车，开启一场探索之旅吧！

基础学科站	专题研究站	社会热点站
这部分包括数学、物理、化学、天文、地理、生命等基础学科。例如：为什么全世界通用阿拉伯数字？符号+、-、×、÷、=是怎么来的？头上有多少头发才算秃头？这些有趣的问题，你想过吗？	这部分包括动物、植物、古生物、医学、建筑与交通、电子与信息等专题。例如：澳大利亚的动物为什么那么怪？为什么食肉动物吃荤不发胖，而猪吃杂食却长得那么胖？你想知道答案吗？	这部分包括大脑与认知、海洋、能源与环境、武器与国防等社会热点，高度关注当前社会科技的发展趋势。例如：黑客是一群什么样的人？石油是恐龙留给我们的礼物吗？快来和科学家一起探讨吧！

　　上面《十万个为什么》列车停靠的三站，其实就是这套书的三大板块。它不仅能帮我们开阔视野，还能帮我们解答疑问，是学习的好帮手。有时候语文

教材的课后题会让我们查找资料。其实，这套《十万个为什么》就是很好的"资料"，来查一查它吧，肯定有收获。

四年级下册第7课《纳米技术就在我们身边》，课后题第二题就有"查找资料"的要求，打开《十万个为什么》，有很多关于"纳米"的知识，你一定很感兴趣。学习课文《白桦》，朗读着"仿佛涂上银霜，披了一身雪花"的语句，想象着美丽的画面，也许你会问，为什么白桦树是白色的？打开《十万个为什么》，你的问题就有了答案。

边读边想象画面，感受自然之美。

纳米材料为什么具有优异的特性？

纳米有许多神奇的特性。比如原来是导体的铜等金属，在尺寸减少到几个纳米时就不导电了，变成了绝缘体；而原来绝缘的二氧化硅等，尺寸减小到几个纳米或十几个纳米时，电阻会大大下降，失去绝缘体特性变成导体了。甚至韧性材料和脆性材料也能够换位，通常情况下陶瓷是脆性材料，而纳米陶瓷却成了韧性材料，在常温下能弯曲，不怕摔，坚固无比。

为什么白桦树皮是白色的？

在日常生活中，人们把从树干上削下来的一层皮叫树皮。但在植物学上，树皮是指树最外面的一部分，叫作周皮。周皮可分为三个部分，从内向外分别是栓内层、木栓形成层和木栓层。白桦树的周皮发育却比较特殊。当木栓形成层不断向外分裂时，木栓层的颜色也是褐色的。在这些褐色木栓层的外面，还含有少量的木栓质组织，这些组织的细胞中含有大约1/3的白桦脂和1/3的软木脂，而这些脂质均是白色。由于这些脂质是在周皮的最外层，因而树皮便成为白色的。

让我们带着轻松的心情，一起在知识的海洋里快乐遨游。我们从课本引发思考，从生活找寻灵感。你可以把自己想到的"为什么"写在下面这张便利贴上，也许下次《十万个为什么》改版时就会解答你的问题了。

10. 挂上小问号 开启科学之旅

阅读时尝试从不同角度去思考，提出自己的问题。

读 赏析内文

中国的《十万个为什么》这套书已经有半个世纪的历史。它就像一位经验丰富的老人，无论你问些什么，他都会耐心地讲给你听。

为什么说数学是有用的？

在现实生活中，数字出现在路牌号、门牌号、邮政编码、电话号码、QQ号码、银行卡号、各种密码等众多场合中，它不仅可以用来记录与计算我们的资源、财产，更可以帮助我们对事物进行量化统计、对比分析、判断鉴别、预测决策。

阅读一段话，抓住了关键词，也就抓住了阅读的"牛鼻子"。读了上面这段文字，我们找到"众多"这个关键词，请把关键词写在这张小的便利贴上。

抓住了关键词，能帮我们读懂文章。

众多

第一步：替换，理解词语含义。
"众多"就是很多的意思。

↓

第二步：想象，领会词语精妙。
想象一下，和妈妈去购物时，讨价还价，合理消费，计算付多少钱剩多少钱；种花种树时，需要计算怎样节省土地和树苗；绣现在流行的十字绣时，也要数在第几针用什么颜色的线。

第三步：联系生活，升华情感共鸣。
我们感受到，数学不仅仅是一门课，更会广泛应用于生活。这么多场合都少不了数学，所以数学是有用的。

为什么鱼儿会唱歌?

鼓鱼发出的声音如咚咚鼓响,似铮铮铃音,又像母鸡下蛋后的咕嗒欢叫声;沙丁鱼的声音如哗哗流水,似拍岸波涛;赛音鱼的声音竟可与女高音相媲美;黄花鱼的声音亦如猫叫,亦如吹哨。

> 阅读科普作品,可以查一查书中谈到的科学问题,现在有什么新的研究成果。

生物大联盟,你想参加哪支军队?你觉得这支军队中还可以有哪些动物?其实,很多动物的秘密,至今没有确切的答案,比如恐龙为什么会灭绝,以前的解释就是地球受到外星球的撞击,引起恐龙灭绝。而现在则给出多种答案,目前科学界也没有最终确定。我们可以结合图文讲解,查找其他资料,说说自己的猜测。

为什么机翼要由很多块板组成?

为什么机翼要由这么多块板组成呢?它们分别有什么用呢?机翼上活动的板,主要由副翼、襟翼、缝翼和抗流板等组成。副翼往往安装在机翼的后缘外侧,它的上下运动会对机翼产生下压或上抬的力。左右机翼的副翼往往是反方向运动的:一侧的副翼往上运动时,另一侧的副翼就往下运动。襟翼一般在机翼后缘内侧,它就像衣襟一样,可以交叠在一起,又可以展开。展开的襟翼可以增大机翼的面积和弯度,以增加机翼的升力。飞机两侧的襟翼都是同时伸出,同时缩进的。

> 阅读科普作品,还可以把你学到的知识分享给别人听。

亲爱的小读者,你坐过飞机吗?以前坐飞机的时候,你有过这样的疑问吗?以后坐飞机,可以把这个知识讲给大家听,他们一定会称赞你是"科学小达人"。科技创造奇迹,科学也需要传承普及。让我们边学边讲,做一名小小科普工作者。当你介绍一个科学知识的时候，这样说会更吸引人：

一、抓住关键阶段语句，梳理过程；

二、借助体现条理性的词语，表述更加清晰，例如表示次序的词语、表示范围的词语；

三、注意礼貌用语，彬彬有礼。

写 互动延展

阅读这套《十万个为什么》，会帮助我们解决一直以来藏在心底的疑问，又会在新发现中产生更多的小问号，甚至还会激发自己的奇思妙想。所有的想法，我们都可以随手记录下来。我们的记录可以在阅读前、阅读中和阅读后。这时，便利贴就会帮助你。

便利贴做笔记，贴在书上，不易丢失，与原文结合在一起对照起来读，更简单。便利贴不断贴入书中，可以增加书与自身的关联，让我们阅读的书籍"越变越厚"。一边看，一边挂上小问号，是不是很有趣呢？那就让我们行动起来吧！

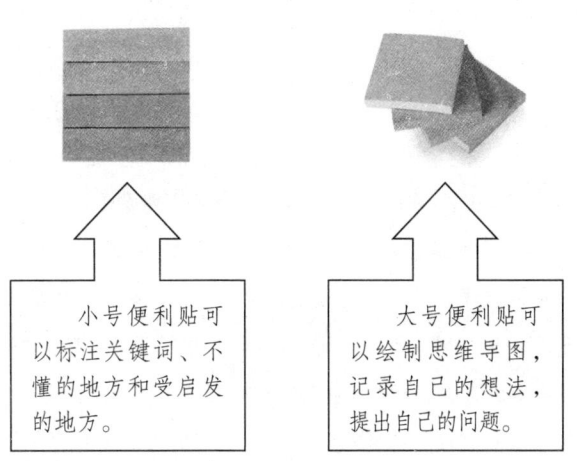

小号便利贴可以标注关键词、不懂的地方和受启发的地方。

大号便利贴可以绘制思维导图，记录自己的想法，提出自己的问题。

还记得吗？我们还可以用批注的方法来阅读。

小读者们，就让我们一起乘坐这辆"十万个为什么列车"去探寻蓝天、大海、森林的故事，一起去看过去、现在和未来的样子吧！

11. 细菌家族探秘之旅

——和你一起读《灰尘的旅行》

(四年级下册《快乐读书吧》推荐阅读)

裴志芳

特色导读

说起细菌,大家可能并不陌生,有人还会对它们深恶痛绝,认为它们是疾病的"罪魁祸首",是"万恶之源"!真是如此吗?我们先来听听《灰尘的旅行》这本书中叫"菌儿"的细菌是怎样说的吧!

> 细菌和病毒最大的区别就是:细菌是原核生物,有细胞结构;而病毒没有细胞结构,只由蛋白质和核酸构成。

大家好!我是"菌儿"。我很小很小,小到很多人都看不到我。我是一个"地球通",不论地球上的哪个角落,只要有水汽和"有机物"的地方,都有我的存在。

我有很多很多的孩子,他们有的比较善良、听话,有的比较淘气,还有的就有点顽劣了,我称他们为"野孩子"。虽然有些孩子比较"野",可是我和我的孩子们加起来,也不是病毒的对手。所以,它和我们可不是一家人!

想更多地了解我以及我的家族吗?现在就让"菌儿"领着你一起走进我的家族去探秘吧,你会发现一个神奇的科学世界!

11. 细菌家族探秘之旅

听 多元感悟

《灰尘的旅行》这本书的作者高士其，被称为中国的"霍金"。从小饱读诗书的他在美国读博士时，在一次实验中不小心中了"小魔王——病毒"的暗算。病毒禁锢了他的身体，却不能禁止他大脑的思考。他凭着坚强的毅力撰写了数百万字的科普作品。

他深厚的文学功底让我们看到一个作为文学家的高士其；他理性的情怀让我们看到一个作为科学家的高士其；他严谨的思维让我们看到作为哲学家的高士其；他对儿童的关怀则让我们看到了一个作为教育家的高士其。

在我们的脑海里，他是一个感情丰富、身残志坚、心系天下的人。

在你的爸爸妈妈小时候，甚至是爷爷奶奶上学的那个年代，人们都非常熟悉高士其。去问问你的爸爸妈妈，看看他们小时候是不是也读过他的作品。可以让爸爸妈妈给你们讲一讲，也可以借助电脑更深入地了解高士其爷爷的故事！

说 共读故事

《灰尘的旅行》又名《细菌世界历险记》，是高士其爷爷以口述的方式创作的，由《科学童话：菌儿自传》《科学小品：细菌与人》《科学趣谈：细胞的不死精神》三部分有趣的内容组成。

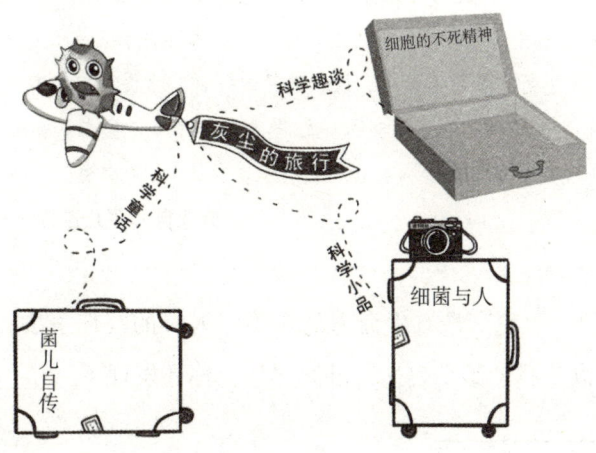

书中有你不曾想过的一些问题：

细菌和病毒有关系吗？

细菌对人类身体到底有害吗？

细菌是如何穿过重重障碍进入我们的呼吸道和肺部的呢？

带着你的问题和好奇心，跟着"菌儿"在阅读冒险中去发现、去解密吧，相信你一定会在不断的探究中感受到科学世界的神奇，从而点燃热爱科学、运用科学、攀登科学高峰的热情。

首先，让我们走进奇妙的童话世界——菌儿自传。

奇妙的童话世界

童话故事大家都喜欢读，其中奇幻的想象和起伏的故事情节打动着你，同时也给你指引，教你做一个通情达理、聪明正直的人。科学童话和文学童话是一对双胞胎姐妹，它用浅显的语言和精准的描述将深奥、神秘的科学现象展现在眼前，让你在轻松愉快的阅读中了解各种科学知识。除此之外，科学童话的语言也非常有特色哦！读读下面三个片段，你都发现了怎样的语言特色，又了解了哪些科学知识呢？

片 段 一

不过，现代科学家都已承认，菌是生物中之一大类。菌族菌种，很多很杂，菌子菌孙，布满地球。你们人类所最熟识者，就是煮菜煮面所用的蘑菇香蕈之类，那些像小纸伞似的东西——黑圆圆的盖，硬短短的柄，实是我们菌族里的大汉。当心呀！勿因味美而忘毒，那大菌，有的很不好惹，会毒死你们贪吃的人呀。

至于我，我是菌族里最小最小、最轻最轻的一种。小得使你们肉眼，看得见灰尘的纷飞，看不见我们也夹在里面飘游。轻得我们好几十万挂在苍蝇脚下，它也不觉得重。真的，我只有苍蝇眼睛的1/1000、最小灰尘的1/100重呢。

（节选自《菌儿自传——我的名称》）

在作者笔下，"我"是有生命力的。第一人称的写作手法，把"我"给人类造成的危害以及我的渺小表达得淋漓尽致，你还发现了_____

_____。

片段二

我在呼吸道上进攻的目的,当然是肺。

那儿有吃不尽的血粮,

那儿有最广阔的地场,

肺尖又脆肺瓣又弱,

我可以长期地繁殖着,

但我在未达到肺腑前,

要尝尽千辛万苦。

一越过了软骨的音带,

突然就遇着诸种危害:

四围的细胞会鼓起纤毛来扫荡我,

两旁的黏膜会流出黏液来牵绊我,

喷嚏、咳嗽、说话与呼吸又来驱逐我,

沿途的淋巴腺满布着白血球突来捕捉我。

我真是无可奈何了。所以在天气好的日子,从咽喉到肺这一条深港是平静无事的,我就偶尔跌进里头去,也没敢多流连呀!

一旦云天变色,气候骤寒,呼吸道上忽然遇着冷风的袭击,我一得了情报,马上就在扁桃腺前,召集所有预伏的菌兵菌将,会师出发,往肺门进攻。

当那时,全咽喉都震撼了。

(节选自《菌儿自传——呼吸道的探险》)

你们发现了吗?这样的小诗在科普文章中叫——科学诗。像这样的小诗还有好多好多呢,自己去发现吧!还可以再找一篇你感兴趣的文字,把它改编成一首小诗。期待你们的创作!

这首小诗将深奥的医学知识用浅显的语言表达出来,这种语言表达方式的特点是:_____

小诗告诉了人们怎样的医学常识呢?_____

我们在"菌儿"的带领下畅游了奇妙的童话世界，在那里不仅感受了童话故事的语言特色，还了解了深奥的医学知识，同时明白了疾病预防的重要性，咱们可千万不敢疏忽，不然，一不小心就会招惹到"我"！但是"我"这个捣蛋鬼是不是对人类只有害处呢？接着去科学小品和科学趣谈中继续探险吧！这次探险，"菌儿"会给大家几个小妙招，我们在探险过程中可以用到哦。

赏析内文

诙谐的科学小品

妙招一 打破砂锅问到底——你会提问吗？

说起小品，大家应该都喜欢看曲艺小品，因为小品幽默风趣、滑稽可笑，让人在笑中受到启发，得到教益。那科学小品又是怎样的呢？

片 段 三

形形色色的菌客菌主菌亲菌友，有的挺着胸膛，有的弯腰曲背，有的圆脸儿涂脂搽粉，有的大腹便便，有的留个辫子，有的满面胡须，或摇摇摆摆，或一步一跳，或匍匐而入，或昂然直入。

从前门而入者，多留在切菜间，偷吃菜根肉余齿垢皮屑。然而常为自来水所冲洗，立脚不定。不然，若吃得过火，连墙壁、地板、刀柄都要吃，于是乎人就有口肿、舌烂、牙痛之病了。

这一群食客里面，最常来光顾的有六大族。一为圆脸儿的"小球菌"，二为像葡萄的"葡萄球菌"，三为珠脸儿的"链球菌"，四为硬挺挺的"阳性革兰氏杆菌"，五为肥硕的"阴性革兰氏杆菌"，六为弯腰曲背的"螺旋菌"，这些怪姓，经过一次的介绍，恐你们仍记得不清啊。

（节选自《细菌与人——细菌的大菜馆》）

读了这个小片段，你是不是觉得很有意思？"菌儿"的家族中形形色色的菌友，有的挺着大肚子，有的还涂脂抹粉，真好笑。在笑的同时，你明白了起口疮、牙疼的真正原因了吗？在这个片段中还有一些词语，"小球菌""葡萄球

菌""阴性革兰氏杆菌",又是什么意思呢?这些菌友是怎样形成的呢?……

读科普类的文章我们要善于思考,提出问题,并尝试解决问题。解决问题有很多种方法,这里给大家几个小提示:

提示一	提示二	提示三
遇到不懂的科学术语或者词语,可以通过查字典的方法来解决。	遇到不理解的科学现象,可以通过网络搜索来解决。	遇到不理解的地方,还可以请教爸爸妈妈和老师,也可以和你的小伙伴互相交流!

同学们,快用上提示中的方法,到科学小品文章中边读边批注吧!最后"菌儿"带着大家到科学趣谈去看看,那里又会有哪些神奇的科学知识等着你们呢?

幽默的科学趣谈

所谓趣谈趣谈,当然是非常有趣喽!其实就是把一些与我们生活息息相关的杂事用有趣的语言、轻松的笔调写出来。在这里你会知道为什么有的人眼睛会看不清、近视眼和远视眼又有何不同,会了解到泥土和土壤有什么区别以及镜子的来历等。是不是能满足你强大的求知欲呢?读读下面这个片段。

妙招二 打破砂锅问到底——你会探究吗?

片 段 四

我们的名字叫作"纤维",我们生长在植物身上。地球上所有的木材、竹片、棉、麻、稻草、麦秆和芦苇都是我们的家。

我们有很多的用处,其中最大的一个用处,就是我们能造纸。

这个秘密,在1800多年以前,就被中国的古人知道了,这是中国古代的伟大发明之一。

在这以前,人们记载文字,有的是刻在石头上,有的是刻在竹筒上,有的是刻在木片上，有的是刻在龟甲和兽骨上，有的铸造在钟鼎彝器上。这些做法，都是很笨的呀！

到了东汉时代，就有一个聪明的人，名叫蔡伦的，他聚集了那时候劳动人民丰富的经验，发明了造纸的方法。用纸来记载文字就便当多了。

（节选自《细胞的不死精神——纸的故事》）

同学们，在阅读科普文章时，不仅可以从不同角度提问题，并将问题记录、梳理，还可以在读完后查一查书中谈到的科学问题现在有什么新的研究成果。我们可以制作这样一张《阅读记录单》：

感兴趣的问题	解决途径	答案	我的思考和研究
如今纸又是怎么做的呢？和细菌还有关系吗？			（这里可以包括两方面内容：我的收获、现在新的研究成果。）

在你读完这本书后，查一查书中谈到的科学问题现在有什么新的研究成果。可以把新的研究成果批注在书中相对应的科学知识旁边，并且和小伙伴分享。

探险到这里，你一定已经对"我"的家族有所了解。其实，"我"和你们的生活是息息相关的，"我"所到之处，都是人们日常生活中某个地方：有时藏在你们人类的衣服上，有时藏在你们所食用的蔬菜、水果里，有时藏在你们随口吐出的痰液中。老人们总说"病从口入"，这句话还是很有道理的，如果不注意饮食卫生，可能就会染上许多细菌、病毒，从而导致疾病。所以，同学们在日常生活中一定要注意个人卫生，勤洗手，勤换衣，养成良好的卫生习惯。

妙招三 打破砂锅问到底——你会想象吗？

读文章想象画面是一种阅读能力，边读边把文字转化为一幅幅有趣的图片也是阅读的一种途径。读读下面这个片段，你能想到怎样的画面呢？

片 段 五

我这三位小英雄，都是最爱吃血的微生物。为了要吃血，它们奋不顾身地往肺港里冲。它们又恐怕遭敌人的暗算，所以常是前呼后应地结成联合阵线，胜则同进，败则同退，不但白血球应接不暇，就是科学先生前来缉凶的时候也迷惑了，弄不清楚哪一个是真正的凶手呀。

当我在扁桃腺前会师出发，往肺门进攻的时候，一路上遇到不少的挫折，我的其他孩子们都在半途战死，独有这三位小英雄，在这肺港里横冲直撞，所向无敌。

（节选自《菌儿自传——肺港之役》）

除了想象画面，还可以看着图片猜故事，看书中的插图，你认为发生了怎样有趣的科学故事呢？又会有怎样的科学知识和科学现象告诉我们呢？那就赶紧去读书吧！

写 互动延展

"菌儿"领着大家到灰尘的世界去旅行了一番，这番旅行不仅为我们揭开了细菌世界神秘的面纱，还带我们了解了细菌的来龙去脉，同时帮我们积累了大量的科学知识。"菌儿"还告诉大家，在平时阅读科普作品时，要边读边从不同角度提出问题并解决问题，这样你会发现，科学的世界离我们并不遥远，科学就在我们的日常生活中，只要我们善于发现、细致观察、勇于提问、深入探究，就会爱上奇妙的科学世界。接下来，就拿起你的笔，去奇妙的科学世界历险吧！

☆1. 导图历险记

同学们，你们可以把"菌儿"带你旅行过的地方用思维导图的形式画出来，然后讲给你爸爸妈妈听。

☆2. 小小设计师

"菌儿"的孩子有好多好多，它们形态各异，你喜欢哪个呢？请为你喜欢的"菌儿"设计一张名片,同时画出它的形象。期待你的设计哦!

☆3. 争当小作家

看图编故事:大家可以在书中选择自己喜欢的插图,编一个有趣的故事;也可以自己编故事,并把这个故事画下来哦!

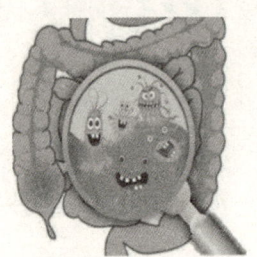 

同学们,跟着"菌儿"在细菌的家族探秘之后,你会发现,科学世界实在是太神奇了!就让我们跟随这本书,一起去打开奇妙的科学之门吧!

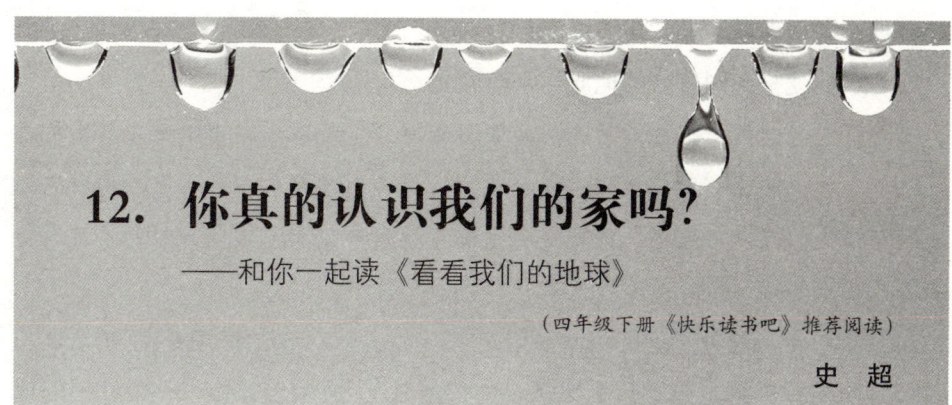

12. 你真的认识我们的家吗?
——和你一起读《看看我们的地球》

(四年级下册《快乐读书吧》推荐阅读)

史 超

特色导读

亲爱的孩子们,如果你有过当科学家的梦想,如果你有强烈的好奇心、探索欲,那么跟我来阅读吧,因为阅读就像探险,充满了意外与惊奇!

看看你脚下的大地,你是否了解过它呢?你的脑海中是否产生过这样的问题:我们生活的地球到底是什么样子呢?

  假定地球像一个大皮球那么大,那么,我们的眼睛所能直接和间接看到的一层就只有一张纸那么厚。再深些的地方究竟是什么样子,我们有没有办法去侦察呢?   **(节选自《看看我们的地球》)**

一起读读李四光爷爷《看看我们的地球》这本书吧。翻开目录就会让你眼前一亮,"从地球看宇宙""地热""人类起源于中亚么?"……这本书会让你重新认识我们的家——地球!一起了解地球的奥秘吧!

多元感悟

孩子们,看看这张照片,猜猜这是谁?

他是我国一位著名的地质学家和地质教育家,也是一位伟大的爱国者。

他指出,我国东北平原、华北平原、两湖地区蕴藏着丰富的石油,他为我国石油资源的开发做出了贡献。

他创立了地质力学学科……

对,他就是我国著名的地质学家李四光。

在《启蒙时代的地质论战》中,他写道:地球是宇宙中一颗渺小的星体,是太阳系行星家族中一个壮年的成员,有丰富的多种物质,构成它外层的气、水、石三圈,对生命滋生和生物发展,具有其他行星所不及的特殊优越条件。

(节选自《看看我们的地球》)

李四光爷爷将太阳系行星比作一个"家族",将地球比作"一个壮年的成员",很有趣吧!你还想知道地球的哪些奥秘?第一,可以问问爸爸妈妈,和同学聊一聊,听听他们都了解些什么。第二,可以试着写一份"预读单",比如:书中哪些文章让你感到惊奇?按星级指数高低,列举三个令你最惊奇的内容,用简要的语言概括出来。也可以在"预读单"中提出不明白的问题。

我的预读单

惊奇指数	惊奇内容	相关页码
★★★★★	地球内部那么深,那样热,我们钻不进去,摸不着,看不见,也听不到,怎么能了解它呢?	第47页
我的问题:		

说 共读故事

《看看我们的地球》这本书,由从李四光爷爷大量著作中精选的31篇文章组成。这本书能让你了解很多关于地球、地质的知识。读完之后,你会由衷地佩服李四光爷爷的博学多才。他散文写得好,旧体诗也写得别有韵味,即使是地质学的文章,他也写得有声有色。

《从地球看宇宙》（一）

最近，宇宙飞行技术的发展，对天体，特别是对我们太阳系成员的研究(包括行星、卫星和彗星)，提供了新的途径，发挥了其他方法所不能起的作用；对于恒星的观测，也起了某种作用，因为在地球大气之外，能接收和分析那些被地球大气滤掉而不能到达地面的X射线、Y射线、远紫外辐射等。

（节选自《看看我们的地球》）

名师伴读

阅读科普作品的时候，你可能会遇到一些不理解的科技术语。这时候要运用在课上学过的方法，试着去理解。我们还可以通过查字典或查阅有关科学资料，来解决这些不理解的科学术语，并做好批注，这样便于我们阅读得更顺畅。

同学们也可以把难懂的地方写在读书笔记中哦！

读书笔记

X射线：X射线是由于原子中的电子在能量相差悬殊的两个能级之间的跃迁而产生的粒子流，是波长介于紫外线和γ射线之间的电磁辐射。

远紫外辐射：紫外辐射是一种非照明用的辐射源。

我的读书笔记

_____
_____
_____
_____
_____
_____
_____

《从地球看宇宙》（二）

在宇宙空间中，分散着形形色色的天体和物质，都在运动，都在变化。就某种特定的形态而言，有的正在生长，有的达到了成熟的阶段，有的已经消逝。我们今天看到的宇宙，是其中每一团、每一点物质，在有关它们各自历史发展过程中的一个剖面的总和。这个总和，不仅具有空间的意义，而且具有时间的意义。其所以具有时间意义，是因为分布在宇宙空间的天体和物质，距我们有的比较近，有的很远很远，尽管光的速度很大，可是这些光传递到地球需要长短不等的时间。因此，我们同一时间，通过它们各自发出的辐射所获得的印象，是前前后后相差很远很远的时间的印象总合起来的一幅图像。在这个相差很远很远的时间中，不但恒星、星系等等的形象有所变化，它们彼此的相对位置，在几十万年，甚至几百万年中，也大不相同。可以断定，今天我们所见到的天空的面貌，不是天空今天真正的面貌；有的已成过去，有些新生的东西，还要等待很久很久以后，才能在地球上看见。

名师伴读

读了这段话，你是不是被宇宙的浩瀚无垠所震撼？这巨大无比的宇宙空间中，还分散着许许多多的物质，地球只是它们大家族中无比渺小的一个成员。

读完后还可以想一想，讲得有道理吗？关于这个问题，有什么新的研究成果吗？根据启发，在你的读书笔记中说说你的思考吧！别忘了，我们读这样的科普作品，可以多查阅一些资料！

同学们，阅读科普读物，不能一味地相信，还要有思考。科学的探索是永无止境的，我们来看看关于宇宙的最新研究成果吧。

资料一

从最新的观测资料看，人们已观测到的离我们最远的星系是137亿光年。也就是说，如果有一束光以每秒30万千米的速度从该星系发出，那么要经过137亿年才能到达地球。所以宇宙没有边界，我们的观测能力决定了我们能看多远，我们的观测能力在发展，观测的范围也在变大。不过按照宇宙大爆炸的理论，宇宙还在不断的扩大。

资料二

宇宙不是无限的,或者说,我们所居住的这个狭义的宇宙并不是无限的。它的边界在哪里、以何种形式存在现在尚有争论,但"我们的宇宙"不是无限的,这个观点基本已经得到了认同。

资料三

宇宙是无限的,但是是有界的。霍金理解的宇宙就像一个篮球一样,你在球面上无法找到起点和终点,但它却是有界的。很多天文学的书籍里面都有介绍,如果看看斯蒂芬·霍金的著作,会明白得更多。或者从大爆炸理论里可以得知,我们的宇宙仍然在膨胀之中,星系彼此仍然在运行,也就是我们所认识的宇宙仍然在膨胀,在延伸,在扩大,但还没有到它的尽头。

我查到的新的研究成果: _____
_____
_____

读 赏析内文

同学们,打开《看看我们的地球》一书的目录,你是不是一下子就被那些文章的标题吸引住了?读这样的科普读物,可以从你最感兴趣的文章读起。带着思考去读,你的阅读会更有收获。

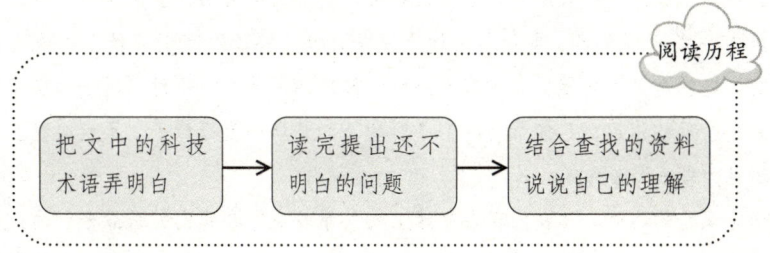

片 段 一

地球是围绕太阳旋转的九大行星之一,它是一个离太阳不太远也不太近的第三个行星。它的周围有一圈大气,这圈大气组成它的最外一层,就是气圈。在这层下面,有些地方是由岩石造成的大陆,大致占地球总面积的十分之三,也就是石圈的表面。其余的十分之七都是海洋,称为水圈。水圈的底下,也都是石圈。不过,在大海底下的这一部分石圈的岩石,它的性质和大陆上露出的岩石的性质一般是不同的。大海底下的岩石重一些、黑一些,大陆上的岩石比较轻一些,一般颜色也淡一些。

> 现在太阳的九大行星已经改为了八大行星,冥王星因为体积小降为矮行星。

> 什么是"石圈""大气"?

石圈不是由不同性质的岩石规规矩矩造成的圈子,而是在地球出生和它存在的几十亿年的过程中,发生了多次的翻动,原来埋在深处的岩石,翻到地面上来了。这样我们才能直接看到曾经埋在地下深处的岩石,也才能使我们想象到石圈深处的岩石是什么样子。

随着科学不断的发达,人类对自然界的了解是越来越广泛和深入了,可是到现在为止,我们的眼睛所能钻进石圈的深度,顶多也还不过十几千米。而地球的直径却有着12 000多千米呢!就是说,假定地球像一个大皮球那么大,那么,我们的眼睛所能直接和间接看到的一层就只有一张纸那么厚。再深些的地方究竟是什么样子?我们有什么办法去侦察呢?有。这就是靠由地震的各种震波给我们传送来的消息。不过,通过地震波获得有关地下情况的消息,只能帮助我们了解地下的物质的大概样子,不能像我们在地表所看见的岩石那么清楚。

> 我们还有什么办法去侦察呢?

地球深处的物质,和我们现在生活上的关系较少。和我们关系最密切的,还是石圈的最上一层。我们的老祖宗曾经用石头来制造石斧、石刀、石钻、石箭等等从事劳动的工具。今天我们不再需要石器了,可是,我们现在种地或在工厂里、矿山里劳动所需的工具和日常需要的东西,仍然还要向石圈里要原料。随着人类的进步,向石圈索取这些原料的数量和种类是越来越多了,并且向石圈探查和开采这些原料的工具和技术,也越来越进步了。

12. 你真的认识我们的家吗？

片 段 二

有一种地球起源的概念，到现在还占着相当重要的统治地位。就是说地球原来是一团高温度的物质，逐渐冷却，在地球表面上结成了壳子，这就叫作地壳。这样形成的地壳，从表面到地球的深部，温度就必然越来越高。从钻探和开矿的经验看来，越到地下的深处，温度确实越来越高。但地温增加的情形各地不同，同在一地又随深浅而有不同。地温每增加1℃，往下进入的深度名叫地温增加率，在亚洲大致40米增加1℃（我国大庆20米、房山50米），在欧洲绝大多数地区是28～36米增加1℃，在北美绝大多数地区为40～50米增加1℃。这个地温增加率，并不是往下一直不变的。假如，我们假定每深100米地温增加3℃，那么只要往下走40千米，地下温度就可到1200℃。现今，世界上各处火山喷出的岩流，即使岩流的熔点因压力的增加而有所变化，温度大都在1000℃以上，1200℃以下。据实验结果，玄武岩流在40千米的深度下，它的熔点不过增加60℃。这个数字，看来对熔岩影响甚小，对上述的1000℃以上，1200℃以下的估计没有什么影响。根据地热的情况，地壳的厚度大约35千米。

同学们，在这里留下你的阅读思考吧！

_____

_____

除了这几篇文章，我还有很多感兴趣的文章呢！比如：_____、_____、_____。

写 互动延展

读完《看看我们的地球》这本书，你是不是也成了一个小"地质专家"？科学地认识地球，才能更好地保护我们的家园。我们在阅读作品时有了自己的体会，这样才能有收获。写下来与更多的伙伴分享吧！

我的直播课

你读完这本书一定有很多的收获，也许是科学知识方面的，也许是对地球更全面的了解……写一篇讲课稿，让更多的人了解地球。

我可以把很多文章用画一画的方式分享给同伴哟！

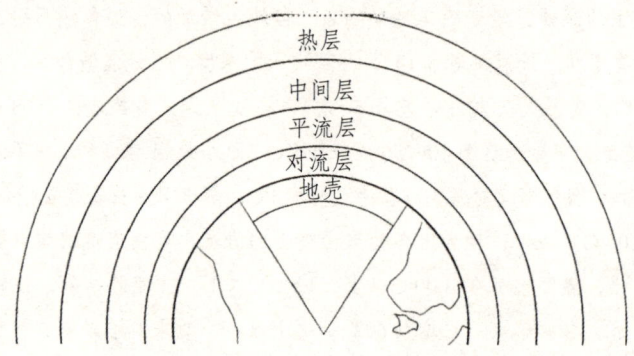

同学们，如果你在"预读单"中提出了问题，读完这本书后，这些问题你都解决了吗？如果还有没能解决的问题，接下来你准备用哪些方法去解决这些问题呢？请你和同学交流，并为自己制订一个课外的阅读计划吧！

13. 探寻人类起源的秘密

——和你一起读《人类起源的演化过程》

(四年级下册《快乐读书吧》推荐阅读)

李 琴

特色导读

亲爱的小朋友，如果有人问你："人是从哪里来的？爷爷的爷爷是从哪里来的？"我猜，你一定会想到下面的神话故事：女娲抟（tuán）土造人、普罗米修斯创造人类。

这些流传千古的神话故事，印证了人类对于生命的起源和演化过程，从未停止过追寻的脚步。我国著名的古人类学家、中科院院士贾兰坡爷爷认为："能够说明人类演化过程的资料，来自地下，地层内就是一部巨大的'书'。"而化石便是研究生命起源和进化的直接证据。

80岁高龄的贾兰坡爷爷不顾眼疾，戴着老花镜，拿着放大镜，为青少年写下了这本科普读物《人类起源的演化过程》，又名《爷爷的爷爷从哪里来》。

让我们捧起书来，和贾兰坡爷爷一起，去探寻人类起源的秘密！

多元感悟

孩子们，听，北京人头盖骨化石在说什么？

"大家好！我是名震中外的'北京人头盖骨'。不要看我其貌不扬，可是大有来头的。我先来给大家做个自我介绍。"

国 宝 档 案

姓名： 北京人头盖骨

家庭住址： 北京市周口店龙骨山地下第八、第九层

主人生活时间： 距今70万年至20万年之间

重见天日之时： 1929年冬季

出土重要意义： 我是世界科学界众人瞩目的稀世瑰宝。"北京人"虽然不是最早的人类，但作为从猿到人的中间环节的代表，被称为"古人类全部历史中最有意义、最动人的发现"，因此，我的珍贵程度可想而知。

发现人： 裴文中　贾兰坡

"我特别想感谢一个人，他叫贾兰坡。他生于河北省玉田县，是著名的旧石器考古学家、古人类学家。他是个传奇人物，没有大学文凭，却凭借自身努力，攀登上了科学殿堂的顶端；从来没有探险，却被选为美国世界探险家俱乐部会员。他把一生都献给了挚爱的考古事业。"

关于人类的起源，科学界历来众说纷纭。你听说过哪些说法？和小伙伴们交流交流吧！

在经过一系列的调查研究后，小伙伴们讨论起来。

小浩： 爸爸告诉我，英国生物学家达尔文认为人类是由已经灭绝的古猿演化而来的。

雨洁： 我从书中知道了，德国古生物学家施罗塞意外发现，从北京中药店买来的"龙骨"中，有一颗类人猿的化石，从此开启了对北京市周口店龙骨山化石的挖掘工作。

阳阳： 1929年，中国考古学者裴文中在周口店发掘出土了第一个"北京人"头盖骨。

> **萌萌**：本书作者贾兰坡爷爷在11天之内发现了三颗"北京人"头盖骨，再次震惊学术界。

> **一涵**：妈妈告诉我，"北京人头盖骨"的发现，解决了一个世界性的考古难题，也弥补了从古猿进化到智人的中间缺失的一环，给"直立人"的存在提供了更可靠的考古依据。

> ……

关于人类的起源和演化过程，你们还想知道什么？带着你的疑问，请爸爸妈妈讲讲他们所了解的知识。

说 共读故事

阅读这本书时，你一定会遇到很多难以理解的专业知识，接下来，老师为大家推荐一种解决问题的方法——拓展阅读。

你是否发现，书中的文字如同一道道谜题，让人迫不及待想要去揭开谜底。如古人类是怎样使用工具和火的？北京人的"家"到底是什么样子呢？中国大陆还有没有比"北京人"更为古老的居民……如果仅仅是阅读这本书，还不能够帮你解开这些谜团。

拓展一　一本书带你走近一位作家

> 贾兰坡爷爷也有和你们一样的疑问。他用一生的时间去探寻人类起源的秘密，还把自己的观点写在了下面的文章和作品中：
>
> 《中国细石器的特征和它的传统、起源与分布》；
>
> 《从工具和用火看早期人类对物质的认识和利用》；
>
> 《北京人时代周口店附近一带气候》；

《周口店北京人之"家"》；

《西侯度——山西更新世早期古文化遗址》；

《中国大陆上的远古居民》。

……

(节选自《流逝的岁月留下了什么》)

拓展二 一本书带你走进同类书籍

指出从鱼到人的演化关系并发表著作的是美国古脊椎动物学家威廉·格雷戈里。1929年他发表的《从鱼到人》，把人的面貌和构造与猿、猴等哺乳类、爬行类、两栖类相比较，把人的面形一直追溯到鱼类。

……

(节选自《从"神创论"到认识上的蒙昧时期》)

读到这里，你的脑海里一定有了个大大的问号——人是由鱼演变而来的吗？贾兰坡爷爷在书的开头提到了关于人类起源的很多科学猜想，其中就包括"从鱼到人"的猜想。由于篇幅关系，他没有在这本书中过多提及。其实，关于这种猜想，中外科学家们都开展了大量研究。

类似的科普读物有很多很多，推荐你去读读2016年度最美的书——《征程：从鱼到人的生命之旅》，相信你会对生命演化的过程有更深的领悟。

拓展三 一本书带你走入广阔天地

太阳落山了，大家仍在不停地挖着。在离地面10多米深的小洞里更是什么也看不清，只好点燃蜡烛继续挖掘。突然，一个工人说见到了一个圆东西，裴文中马上下去查看。"是人头骨！"裴文中兴奋地大叫起来。大家见到了朝思暮想的东西，此刻的心情真是难以形容。

化石一半在松土中，一半在硬土中。裴文中先将化石周围的孔挖空，再用撬棍轻轻将它撬下来，取到地面上。为了怕它再破碎，裴文中脱掉外衣，把它包了起来，轻轻地、一步一步把它捧回住地。

回到住地，裴文中连夜用火盆将它烘干，包上绵纸，糊上石膏，再用火烘，最后裹上毯子一点一点捆扎好。第二天他派人给翁文灏专程送了信，又给步达生打了电报："顷得一头骨，极完整，颇似人。"

（节选自《北京人头盖骨》）

这段文字描写的正是裴文中发现第一个"北京人"头盖骨时那激动人心的场面。当时给步达生发电报的人正是贾兰坡爷爷。短短11个字，轰动了世界，也牢牢刻在了贾老的心中。1936年，短短11天时间，他在周口店连续发现了三个头盖骨，一个下颌骨和三颗牙齿，再一次震动了学术界。这又是为什么呢？

读到这里，不妨去网络、报纸、电视节目中，找找当时有关此事的报道，搜集更多资料，你一定能更好地理解那份属于全中国人民的激动与自豪。

读 赏析内文

有人曾这样评价贾兰坡："'北京人'注定会让发现他的人名垂青史，但'北京人'选择了贾兰坡，是因为看到这个人会将他的一生贡献给人类考古学，并痴心不改。"的确，贾兰坡的一生都与考古学相伴。他用自己的身体力行告诉了我们，一名合格的考古学家应该是什么模样。这本书简直就是一本考古学家的修炼秘籍呀！

修炼秘籍一：喜欢探洞，敢于冒险

我家村后的东山上有两个山洞，一大一小，我常常跟着其他小孩到小洞里探洞玩。大洞深不可测，我们从不敢进去。有时将石头打成圆球，从山上往下滚着玩。想不到这在以后的工作中，竟对发现石球的打制过程和用途产生了很大帮助。

> 1995年，美国世界探险中心推举我做会员，我说："这个俱乐部都是探险家，有第一次航天的，有登月球的，我算什么呀！别说探险了，现在就连小板凳我都上不去了。"他们笑着说："我们都知道，你钻过山洞，钻过300多个山洞，钻洞也是探险，不是说你还能不能再探险，而是你为探险事业做过贡献。"
>
> （节选自《流逝的岁月留下了什么》）

名师伴读

读读上面的两段话，你发现了什么？阅读过程中，有时候需要联系前后两个片段或章节，才能够读懂意思。从中，你是否明白了"一个人的童年经历，会影响这个人的一生"这句话的道理呢？选择将自己的兴趣变为事业的人，幸福也选择了他！

> **修炼秘籍二：_____**
>
> 对于挖掘，我最有兴趣。开始时我什么都不懂，挖出了化石就向工人请教。他们会告诉我：这是羊的，这是猪的，那是鹿的。认识的化石越多，我越觉得发掘工作有意思。跟着专家学者在山上到处跑，查看地质，累是累，但时间一长，从他们那里也学到了不少地质方面的知识。
>
> （节选自《初到周口店》）

"不经历风雨，怎么见彩虹，没有人能随随便便成功。"只有高中文凭的贾兰坡爷爷靠自学考上了新生代研究室的练习生，但他知道，对于考古来说，自己是个彻头彻尾的门外汉，于是，身边的每一个人都成了他的老师。挖掘现场的贾老，埋头读书的贾老，兜里装着人手腕骨骼的贾老，如同一个痴人，忘我地置身于考古研究中，学习着、钻研着、收获着……对于一名科学家来说，这条秘籍又何等重要呀！

修炼秘籍三： _____

有一天，裴文中在中国地质调查所图书馆，发现了一本由福罗尔所著、伦敦麦克米伦公司出版的《哺乳动物骨骼入门》(1885年版)。这本32开、373页的英文书，对我来说如获至宝。

在中原书店里，我突然发现了一本很新的英文书《旧石器时代人类》，我高兴得跳了起来。但我一问价格，又吓一跳，书价是我月工资的1/3！寻思了半天也没舍得买。

到家后左思右想，我感到这本书对我非常有用，第二天跑了去，还是把它买了回来。

(节选自《悠长的岁月》第五章《狗骨架和两本书》)

这两本书虽然现在看来显得有些过时，但当时对贾兰坡爷爷的研究帮助却很大，被他视如珍宝，保存至今。书翻散了，重新装订好；宁可做笔记，也绝不在书上批注。好一位嗜书如命的老人！优秀的考古学家当如是！

修炼秘籍四： _____

裴文中先生也来了。当他看到展柜里陈列着一些骨器时，非常恼火。裴问："这些是什么？"我答："骨器。"他叫我们把展柜打开，一边扒一边扔，还说："这也是骨器？"原来我们摆放得很整齐的标本，这下倒好，全乱套了。我也有点火了，红着脸争辩说："您的老师步日耶和您自己都承认北京人也制作过骨器使用嘛！这些都是选出来打击痕迹很清楚的材料，怎么说它们不是骨器呢？"

(节选自《一场长达4年之久的争论》)

💡 名师伴读

那些挖出来的骨器是否能够证明北京人会制造工具？这场学术争论在贾兰坡和裴文中之间一辩就是四年。科学家之间彼此因观点不同而争鸣是很平常的事情，即使争得面红耳赤，即使对方是自己的良师益友，也不会伤感情。这条秘籍，对于一位考古学家来说最为可贵。

让我悄悄地告诉你，我认为修炼成一名合格的考古学家的秘籍是：

秘籍一	喜欢探洞，敢于冒险
秘籍二	不耻下问，严谨治学
秘籍三	热爱阅读，博学多识
秘籍四	敢于质疑，不迷信权威

读过这本书以后，你认同我的想法吗？你还从书中寻找到哪些秘籍？请罗列下来：

秘籍五	
秘籍六	
秘籍七	
秘籍八	

写 互动延展

孩子们，贾兰坡爷爷用平实而又通俗易懂的文字，将晦涩难懂的古人类学知识呈现在我们面前。读完整本书，你一定被这位孜孜不倦、求真务实的老人所感动。贾老毕生有两大遗愿，想请你们来帮助他实现，你愿意吗？

国宝踪迹我寻觅

1941年，太平洋战争爆发后，为了保护北京人头盖骨的安全，考古学家们将其移交给了即将离开北京撤回美国的美国海军陆战队。没想到，到达秦皇岛后，日军俘虏了美军，从此北京人头盖骨便下落不明。

北京人头盖骨的发现震惊世界，而它的失踪却成为考古界的一道世纪谜题。贾兰坡爷爷和众多考古学家们历时几十年，不懈地寻找着它们的下落。但令我们遗憾的是，直到他们离世，国宝也始终未能找到。关于北京人头盖骨的踪迹，考古学界有很多种猜测。热衷于侦查的你，可以加入到寻找的行列，为国宝重现贡献一分力量。

侦探笔记——寻找国宝			
时间	猜测	依据	寻找方向

考古遗迹我维护

贾兰坡爷爷在书的结尾写道:"在周口店北京人遗址里,发现古人类的材料之多、背景之全,是世界上首屈一指的。如何保护这个世界文化遗产,为越来越多的人所关注。"关于北京人遗址的重建,你是不是已经有了优秀的创意了呢?请拿起笔来,为遗址设计一份效果图,让这一文化遗产能吸引和影响更多青少年加入古人类考古研究中来。

我们是从哪里来的?

爷爷的爷爷是从哪里来的?

北京人头盖骨到底在哪里?

追寻着贾兰坡爷爷等老一辈考古学家的足迹,这些未解之谜,正等待着我们去一一揭开!

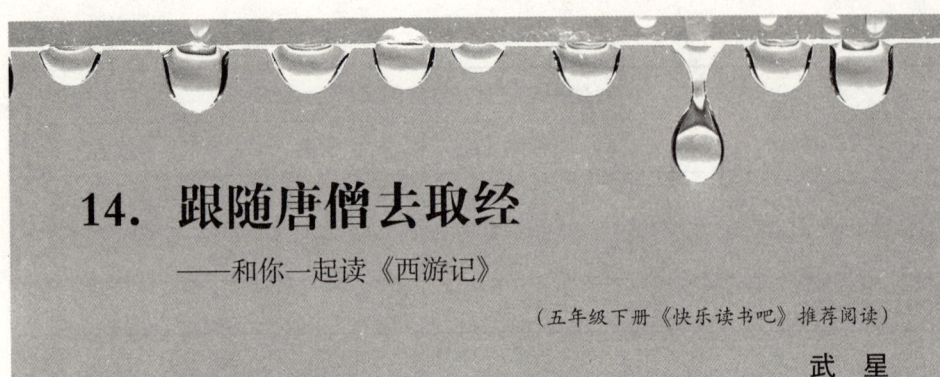

14. 跟随唐僧去取经

——和你一起读《西游记》

(五年级下册《快乐读书吧》推荐阅读)

武 星

特色导读

一只石猴陪伴了华夏无数代人的成长,一段取经的故事激励无数人矢志不渝追求自己心中的目标,一个个鲜活的人物折射出人生百态——中国古典四大名著之一《西游记》,一部奇幻之书,一部浪漫之书,一部引人深思之书。让我们一起跟随唐僧师徒一起,去经历这一奇幻之旅。

既然要取经,那首先要建立一个取经团队。当然,书中唐僧的取经团队是确定的,唐僧、孙悟空、猪八戒、沙和尚。其中一者为人(唐僧),三者为妖,皆是观音菩萨在找寻取经人的路途中点化的,并非唐僧自己的选择。现在我们要举行一个"我为唐僧建团队"活动,如果由你来为唐僧组建一个取经团队,在西游记众多的妖魔中,你会选择谁?就让我们带着任务一起走进原著,去触摸文字的脉搏,去赏析精彩的故事,去经历不一样的西游之旅。

多元感悟

关于作家

《西游记》是吴承恩老先生一生倾力所著。

吴承恩,字汝忠,号射阳山人,淮安府山阳县人,明代小说家,出生在一个由文职小官僚而沦落为小商人的家庭。他极好读书,且擅长绘画、书法,多才多艺。然而科举不利,至中年始为岁贡生。做过一任小官,但因受人诬告,"拂袖而归",晚年以卖文为生,81岁左右去世。官场的失意,生活的困顿,加深了他对封建科举制度、黑暗社会的认识,促使他运用志怪小说的形式来表达内心的不满和愤懑。除《西游记》这部长篇小说外,吴承恩还写过一部短篇小说集《禹鼎志》,还有诗篇《二郎搜山图歌》。

相信你一定看过《西游记》电视剧,其实我们还可以通过下面多种听的方式了解这部名著,加深自己对这部书的了解。

快板书:在击节铿锵的节奏中,领略引人入胜的故事,别有一番韵味。

评书:说书人丰富的语言、细致的表演,带我们了解那个神奇的西游世界。

说 共读故事

说缘起

《西游记》主要描写的是唐僧师徒远赴西天,历经九九八十一难取得真经的故事。其实,唐僧西去取经是历史上一件真实的事。唐朝初年,玄奘和尚前后用了19年时间,历经艰难险阻,行程几万里,西去印度游学,取回佛经。后来其弟子根据这一事件,辑录成《大唐西域记》,并撰写《大唐大慈恩寺三藏法师传》,从此,唐僧取经的故事慢慢流传于民间。《西游记》的故事正是取材于这一历史事件。

说内容

《西游记》不像其他故事类书籍,是一本长篇章回体小说。

读目录是我们阅读章回体小说,了解内容的好方法哦!我们在阅读《西游记》前可以先看看它的目录。

首先,每一回都有一个回目,概括本回主要内容。回与回之间内容前后关联。每回开头以"话说""且说"等起叙,每回结尾有"欲知后事如何,且听下文分解"之类的收束语。一回叙述一个较完整的故事段落,有相对独立性,但又承上启下。

其次,每一回的回目都是一副对仗工整的对联,这可是中国小说特有的现象哦。比如：

  第七回 八卦炉中 逃 大圣 五行山下 定 心猿

再比如：

  第十六回 观音院 僧谋宝贝 黑风山 怪窃袈裟

通览目录后，你一定已经清楚这本书的三部分内容了，一起来填一填吧。

第（__~__）回：安排孙悟空出场，交代清楚其出身、师承、能耐、性情。

第（__~__）回：唐僧出世、唐太宗入冥故事，交代西天取经缘由。

第（__~__）回：孙悟空、猪悟能、沙悟净、白龙马保护唐僧西天取经，沿途降妖伏魔，历经九九八十一难，到达西天，取得真经，修成正果。

说人物

以人物称呼、身份、居住地的变化为线索是阅读长篇小说，梳理内容的好方法。

《西游记》中塑造了形形色色的人物，天上的神仙、西方的佛陀、山野的妖怪，沿途众多国家的人物……但其中最主要的自然是取经的队伍，这个取经的队伍究竟怎么样呢？我们一起来梳理。

唐 僧	孙悟空
身份：取经人 武器：九环锡杖	身份：大徒弟 武器：金箍棒
特点：坚韧不拔	特点：神通广大
颜值：★★★★★	颜值：★
特技：紧箍咒 唠叨功	特技：七十二般变化 筋斗云
经历：金蝉子 江流儿 唐三藏 唐御弟 唐僧 旃檀功德佛	经历：石猴 美猴王 孙悟空 弼马温 齐天大圣 孙行者 斗战胜佛
武力值：0	武力值：★★★★★
意志力：★★★★★	意志力：★★★★★

猪八戒

身份：二徒弟　　武器：九齿钉耙

特点：好吃懒做

颜值：★

特技：三十六般变化

经历：天蓬元帅　猪刚鬣　猪悟能
　　　猪八戒　净坛使者

武力值：★★★

意志力：★★★

沙 僧

身份：三徒弟　　武器：降妖宝杖

特点：任劳任怨

颜值：★

特技：十八般变化

经历：卷帘大将　流沙河妖怪
　　　沙悟净　金身罗汉

武力值：★★★

意志力：★★★★★

师徒四人，各具特点：唐僧人品好、心性高，对于佛法的信念最坚定，即使遇到千难万险，也从来没有动摇过，可称得上取经队伍的精神领袖；孙悟空神通广大，武功高强，见多识广，取经路上绝大部分的困难都是在他的努力下克服的，可算作取经队伍的得力干将；猪八戒虽然好吃懒做，但他是一名水战高手，也是一个调节气氛的人物，这对于跋山涉水的取经团队来说，也是必不可少的；沙僧虽然在降妖方面能力不足，但每当成员中发生矛盾纠纷的时候，都是他出面当和事佬，就像是团体中的润滑剂，保证取经队伍不会因为内部的争斗而解体。四人相辅相成，在取经队伍中各自起着不同的作用，保证团队在取经过程中平稳运行。

说主题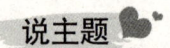

一部《西游记》，煌煌六七十万字，总体来看，赞扬了以师徒四人不畏艰险、百折不挠的可贵精神。但是书中人物形形色色，空间跨越天地人，文化涉及儒、释、道，当我们深入思考时，就会发现书中有许多耐人寻味的东西。

> 居住在西牛贺洲的如来佛为什么要向大唐所在的南赡部洲传教？
>
> 天界以玉皇大帝为代表的道教怎么会容忍以如来佛祖为代表的佛教在自己的地盘上传道？
>
> 喊着"皇帝轮流做，明年到我家"的孙悟空怎么会老老实实跟唐僧去西天取经呢？
>
> 曾经是道教队伍，最后却成为斗战胜佛（佛教），孙悟空算不算道教的叛徒？
>
> 曾经大闹天宫都无敌的孙悟空为什么在取经路上总需要搬救兵？
>
> ……

作者通过《西游记》究竟想表达什么主题，亦是一个仁者见仁，智者见智的问题，而这也是这部名著的独特魅力所在。

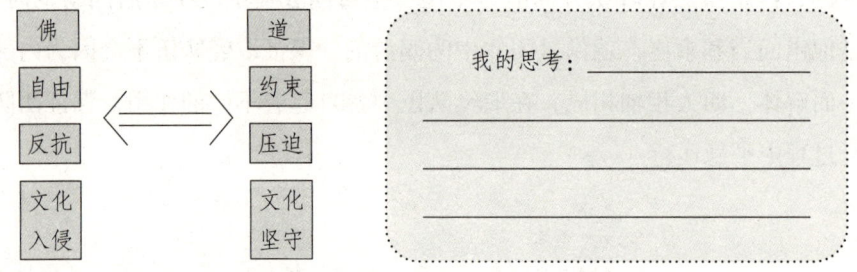

读 赏析内文

说到为唐僧建立取经团队，不同的人有不同的看法，且看如来佛祖本意：

> 如来见了，心中大喜，道："别个是也去不得，须是观音尊者，神通广大，方可去得。"菩萨道："弟子此去东土，有甚言语吩咐？"如来道："这一去，要踏看路道，不许在霄汉中行，须是要半云半雾：目过山水，谨记程途远近之数，叮咛那取

14. 跟随唐僧去取经

经人。但恐善信难行,我与你五件宝贝。"即命阿傩、迦叶,取出"锦襕袈裟"一领,"九环锡杖"一根,对菩萨言曰:"这袈裟、锡杖。可与那取经人亲用。若肯坚心来此,穿我的袈裟,免堕轮回;持我的锡杖,不遭毒害。"这菩萨皈依拜领。如来又取出三个箍儿,递与菩萨道:"此宝唤做'紧箍儿';虽是一样三个,但只用各不同。我有'金紧禁'的咒语三篇。假若路上撞见神通广大的妖魔,你须是劝他学好,跟那取经人做个徒弟。他若不伏使唤,可将此箍儿与他戴在头上,自然见肉生根。各依所用的咒语念一念,眼胀头痛,脑门皆裂,管教他入我门来。"

(选自《西游记》第八回)

一阶思考:读完此段文字,你是否发现,按照如来佛祖本意,三个箍儿要给三个给取经人做徒弟的,但现实中,唐僧的三个徒弟只有孙悟空戴了一个紧箍,八戒和沙僧却没有。另两个箍给谁了呢?让我们走进书中,循着另外两个箍的下落,看看如来佛祖理想中的取经队伍吧!

现实取经队伍	唐僧	紧箍 孙悟空	猪八戒	沙和尚
理论取经队伍	唐僧	紧箍 孙悟空	紧箍 ____	禁箍 ____

二阶思考:唐僧师徒一路取经历经千难万险,假如取经队伍按照佛祖本意,显然理论取经队伍武力值更高,为什么观音菩萨会选择现实取经队伍,另外两个狠角色收为己用?观音菩萨不希望取经队伍强大点吗?

如果你觉得理论取经队伍是最强的,那可不见得,还有更强的,一起欣赏:

老君急查看时,诸般俱在,止不见了"金刚琢"。老君道:"是这孽畜偷了我'金刚琢'去了!"行者道:"原来是这件宝贝!当时打着老孙的是他!如今在下界张狂,不知套了我等多少物件!"老君道:"这孽畜在甚地方?"行者道:"现住金峡山金峡洞。他捉了我唐僧进去,抢了我金箍棒。请天兵相助,又抢了太子的神兵。及请火德星君,又抢了他的火具。惟水伯虽不能淹死他,倒还不曾抢他物件。至请如来着罗汉下砂,又将金丹砂抢去。似你这老官,纵放怪物,抢夺伤人,该当何罪?"老君道:"我那'金刚琢',乃是我过函关化胡之器,自幼炼成之宝。凭你甚么兵器、水火,俱莫能近他。——若偷去我的'芭蕉扇儿',连我也不能奈他何矣。"

(选自《西游记》第五十二回)

这一回中孙悟空可是吃尽了苦头，四处求人皆不能降服"独角兕大王"，无奈之下，孙悟空只好请如来佛祖出面，但是，就算如来佛祖拿出了十八座金丹砂，也照样被金刚琢收走了。直到最后太上老君出面，才将其收服。

《西游记》中像这样有实力的妖魔还有很多，我们来边读《西游记》边梳理妖怪实力排行榜，从中选出你心目中最强的取经队伍吧！

《西游记》妖魔实力排行榜

武力值	妖怪名称	地点	法宝	过程简述	入选理由
☆☆☆☆	独角兕大王	金兜山金兜洞	金刚琢	悟空多次与其斗法，均以失败告终，众多帮手武器被"金刚琢"套取，最终被太上老君降服。	这一回描写打斗的场面精彩异常，前后四场打斗一场比一场精彩，神仙逐个登场，法宝逐一亮相，悟空用尽千般心思，足见独角兕大王武力超群，法宝"金刚琢"威力无比。

唐僧师徒历经九九八十一难，终于取得真经，修成正果，启示我们做事情要持之以恒。面对这部六七十万字的名著，我们也需要这种精神，就让我们捧起书，跟随师徒四人一起开始取经吧！

《西游记》全书共100回，如果每天能读两回，那么不到两个月我们就能读完这部名著。为了让自己的阅读更有条理，我们一起来动手制订一个阅读计划吧。

《西游记》阅读计划

读者：_____   制订日期：_____

日期	章节	完成情况

写 互动延展

> 话表唐三藏师徒四众西进，行彀多时，又值冬残，正是那三春之日，师徒们也自寻芳踏翠，缓随马步，正行之间，忽见一座高山，远望着与天相接。只见那山：林中风飒飒，涧底水潺潺。鸦雀飞不过，神仙也道难。千崖万壑，亿曲百湾。尘埃滚滚无人到，怪石森森不厌看……

《西游记》的情节有个特点：遇山必有怪，逢水定现妖。又一座大山拦在师徒面前，这次他们又将遇到什么妖怪？有什么险恶的经历？在新的取经队伍中，师徒四人又将如何跨越眼前的险阻？发挥你的想象，充分发挥几个徒弟的特点，保护唐僧西进吧……

故事编写提纲

妖怪名称：_____

故事内容：_____

_____

_____

如何被掳：_____

如何营救：斗智☐ 斗法☐ 斗力☐ 斗宝☐
　　　　　（可多选）

结果如何：被杀☐ 被救☐ 降服☐ 逃跑☐
　　　　　其他☐

亲爱的孩子，名著如同一座芬芳四溢的百花园，让人流连忘返；名著如同一杯香气缭绕的香茗，让人陶醉其中；名著如同一幅恢宏的时代画卷，让人不禁感叹……作为我国古典四大名著之一的《西游记》，是我国文化的瑰宝，它把我们带进了一个奇妙绚丽的神话天地。当我们真正走进西游世界，你会发现，它像磁石一般深深吸引我们的眼球。同学们，更精彩的故事等着我们去品味，更深层次的感悟还需要我们在阅读中思考。

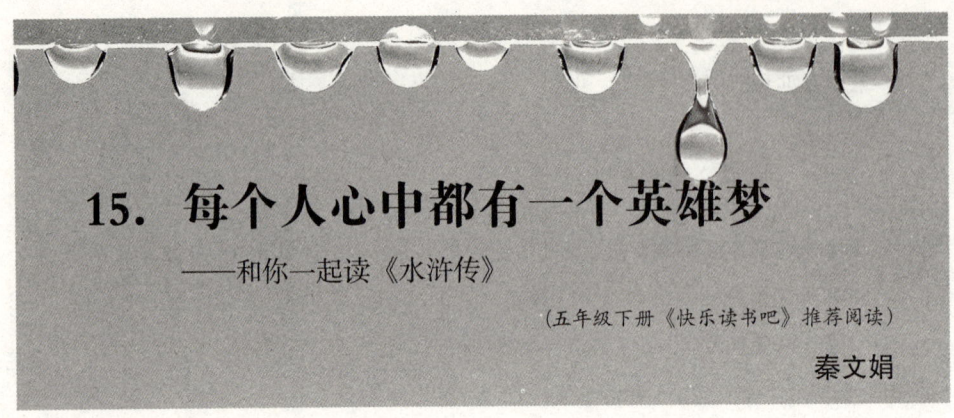

15. 每个人心中都有一个英雄梦
——和你一起读《水浒传》

(五年级下册《快乐读书吧》推荐阅读)

秦文娟

特色导读

亲爱的孩子们，你们好！在盛产超级英雄的漫威电影里，你最喜欢哪一位超级英雄？是手持盾牌的美国队长，刀枪不入的钢铁侠，力大无穷的绿巨人，还是抡起大锤就能上天的雷神？据说每个人心中都有一个英雄梦，每个孩子的心中都住着一个英雄。你有做过英雄梦吗？没有一个孩子不曾幻想过，自己会像超级英雄那样，飞天遁地，拯救世界！

在众多的文学经典中，有一部经典聚集了108个英雄好汉，这部经典就叫《水浒传》。这是一部关于英雄和梦想的奇书，描写了梁山英雄的行侠仗义、壮志豪情；这是一部不朽的经典，里面充满了人生感悟，透过风云变幻的人物命运、跌宕起伏的故事情节，希望你能浸染英雄的豪气、拥有强大的力量。这本经典中的英雄好汉个个身怀绝技，有自己独特的绰号，有鲜明的个性，有精彩的故事，有悲壮的结局。让我们一起走进《水浒传》，去看看英雄是怎样炼成的吧！

多元感悟

《水浒传》中的每一个超级英雄无一例外都有自己的特殊本领，都是非常优秀的人。孩子们，像你们一样拥有英雄梦的人，都是希望优秀的人，而优秀的人是应该亲近文学的，用心阅读文字，去感受文学作品的魅力。

《水浒传》别名

《水浒传》又名《忠义水浒传》,初名《江湖豪客传》,一般简称《水浒》。称"忠义"是因为书中人物大都是有本领的豪杰英雄,处世行事的方式大多是行侠仗义、劫富济贫、快意恩仇。

《水浒传》成书过程

《水浒传》是中国历史上第一部描写农民起义的长篇小说,它是施耐庵在上百年集体创作的基础上整理、加工、创作出来的作品。南宋时,梁山英雄故事流传甚广。《水浒传》最早的蓝本是宋人的《大宋宣和遗事》。在元杂剧中,梁山英雄已由36人发展到108人,水浒故事传到元末,大致形成了今本《水浒传》的规模。

名家评《水浒传》

明末清初著名的文学家、文学批评家金圣叹评点《水浒传》:"别一部书,看过一遍即休,独有《水浒传》,只是百看不厌,无非为他把108个人的性格都写出来。《水浒传》写108个人的性格,真是108样。若别一部书,任他写1000个人,也只是一样。"

说 共读故事

《水浒传》是我国四大古典名著之一,属于英雄传奇的章回体长篇小说,以宋江、晁盖为首的英雄好汉,逐渐吸纳四方豪杰上梁山。他们聚集梁山泊的口号是"替天行道",为民行侠仗义,后在忠义堂齐聚108位好汉,按每人的本领排了座次,最后梁山好汉全部接受朝廷招安,归顺朝廷。《水浒传》中相对独立和完整的短篇故事,都由一根主线贯穿在一起,这根主线就是梁山好汉由分散的个人传奇故事而逐步走向联合,到大聚义,再到走上招安道路,最后失败的全过程。

> 英雄故事：第一回至第四十回
> 百川归海：第四十一回至第七十回
> 归顺朝廷：第七十一回至第一百二十回

后人将全书分为三个部分：前四十回是第一部分，讲述的是各个好汉的传奇故事（主要包括花和尚鲁智深、豹子头林冲、青面兽杨志、及时雨宋江、行者武松等的故事）；第四十一回至第七十回是第二部分，讲述各个英雄好汉百川归海，逐步走向"水泊梁山大聚义"；第七十回以后是第三部分，讲述他们归顺朝廷，走向失败。等你读完全书后，你想想你是否赞同后人的观点呢？

翻开书，你会发现梁山好汉这个队伍中的人五花八门，形形色色。我们一起来认识这些英雄们吧。

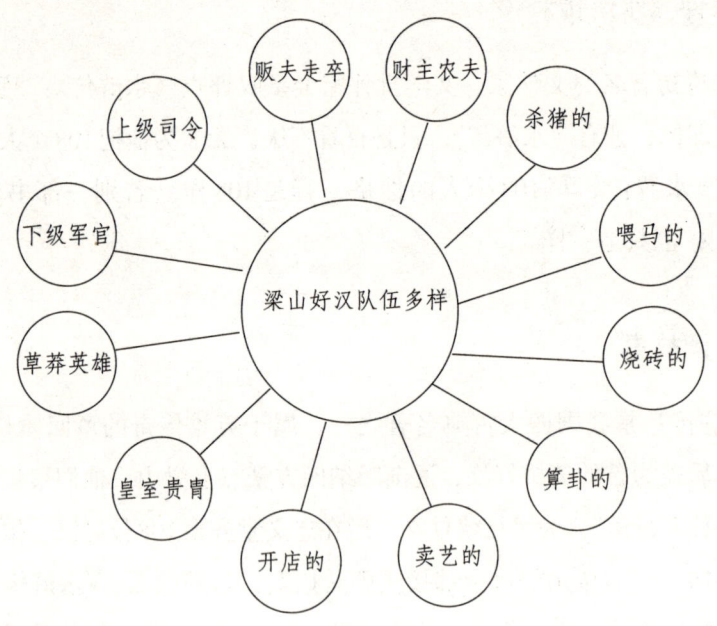

读 赏析内文

《水浒传》这样大部头的古典文学名著，读起来可能不那么容易。不过老师送给你们一些阅读小提示，相信你一定会被书中的故事深深吸引住的。

15. 每个人心中都有一个英雄梦

> **阅读小提示**

要关注语言。《水浒传》用的是古代白话，在群众口语基础上加工提炼，语言明快、洗练、富有表现力，堪称是中国白话文学的一座里程碑。"你诈死，洒家和你慢慢理会。"近乎口语的表达，读来酣畅淋漓。

要关注人物。金圣叹说书中"人有其性情，人有其气质，人有其形状，人有其声口"。作者善于扣紧人物的身份、经历和遭遇来刻画他们的性格，以其行动、语言来显示性格特征，如武松的勇武豪爽，鲁智深的疾恶如仇，无不栩栩如生，使人过目难忘。

要关注情节。如"武松打虎"包含偶然性和惊险紧张的场面，"鲁智深拳打镇关西"包含激烈矛盾冲突，包含跌宕起伏的变化，富有传奇性，使得整部小说充满了紧张感，引人入胜。

在民间，有很多英雄的故事在口口相传中流传下来，武松打虎的故事就是其中之一。你试着根据上面的小提示来读一读吧！

片 段 一

武松见了，叫声："啊呀！"从青石上翻将下来，便拿那条哨棒在手里，闪在青石边。那大虫又饥又渴，把两只爪在地下略按一按，和身望上一扑，从半空里撺将下来。武松被那一惊，酒都做冷汗出了。说时迟，那时快，武松见大虫扑来，只一闪，闪在大虫背后。那大虫背后看人最难，便把前爪搭在地下，把腰胯一掀，掀将起来。武松只一躲，躲在一边。大虫见掀他不着，吼一声，却似半天里起个霹雳，振得那山冈也动；把这铁棒也似虎尾倒竖起来，只一剪，武松却又闪在一边。原来那大虫拿人，只是一扑，一掀，一剪，三般提不着时，气性先自没了一半。

武松打虎是我们耳熟能详的故事，而《鲁智深拳打镇关西》也是《水浒传》里非常精彩的一个故事。同样是身形魁梧，同样是为民除害，同样是以拳打斗，在作者的笔下却打出了不一样的精彩，一起来读一读。

片段二

扑的只一拳，正打在鼻子上，打得鲜血迸流，鼻子歪在半边，却便似开了个油酱铺，咸的、酸的、辣的，一发都滚出来。郑屠挣不起来，那把尖刀也丢在一边，口里只叫："打得好！"鲁达骂道："直娘贼！还敢应口。"提起拳头来就眼眶际眉梢只一拳，打得眼棱缝裂，乌珠迸出，也似开了个彩帛铺的，红的、黑的、绛的，都滚将出来。两边看的人惧怕鲁提辖，谁敢向前来劝？郑屠当不过讨饶。鲁达喝道："咄！你是个破落户，若是和俺硬到底，洒家倒饶了你。你如何叫俺讨饶，洒家却不饶你！"又只一拳，太阳上正着，却似做了一个全堂水陆的道场，磬儿、钹儿、铙儿一齐响。鲁达看时，只见郑屠挺在地下，口里只有出的气，没了入的气，动弹不得。鲁提辖假意道："你这厮诈死，洒家再打。"只见面皮渐渐的变了，鲁达寻思道："俺只指望痛打这厮一顿，不想三拳真个打死了他。洒家须吃官司，又没人送饭，不如及早撒开。"拔步便走，回头指着郑屠尸道："你诈死，洒家和你慢慢理会。"一头骂，一头大踏步去了。街坊邻舍并郑屠的火家，谁敢向前来拦他。

读这样的经典小说，除了关注人物、语言、情节外，还需要一些小妙招。老师再告诉你们几个阅读小策略吧。

阅读策略1

采用比较阅读的方式，体会用词的准确，捕捉情感表达的关键，以觅得文本语言的奥秘。比如武松打虎的片段，重在动词的使用，从"扑""掀""剪"我们能感受到老虎的凶猛，而"闪"字的频繁出现，则表现了武松的机智灵活勇敢镇定；武松打虎和鲁智深拳打镇关西，作者都运用了动作描写，鲁智深拳打镇关西，镇关西挨打后那种状态的铺陈，分别从味觉、视觉、听觉来写，既写出感觉的苦痛、外形的狼狈，又写出精神的昏厥，读来感同身受，既解恨，又体会到了鲁智深疾恶如仇的性格。同样用拳，带给读者的却是别样的感受。

阅读策略2

《水浒传》是一部英雄史诗般的小说，其结构也很有特点，《水浒传》的结构独具一格，先以单个英雄故事为主体，上一个人物故事结束时，由事件和场景的转换牵出另一个人物，因人生事，开始下一个故事。就好像一个个环，环环相扣，环环相生，形象生动地塑造了一系列鲜活生动的英雄形象。大家可借助思维导图去阅读。《水浒传》创造性采用单线纵向发展的链式结构形式，没有绝对的主人公，纯粹是由一个个英雄的传记故事连缀而成，了解了它的结构形式，阅读就要有一定的速度哦。

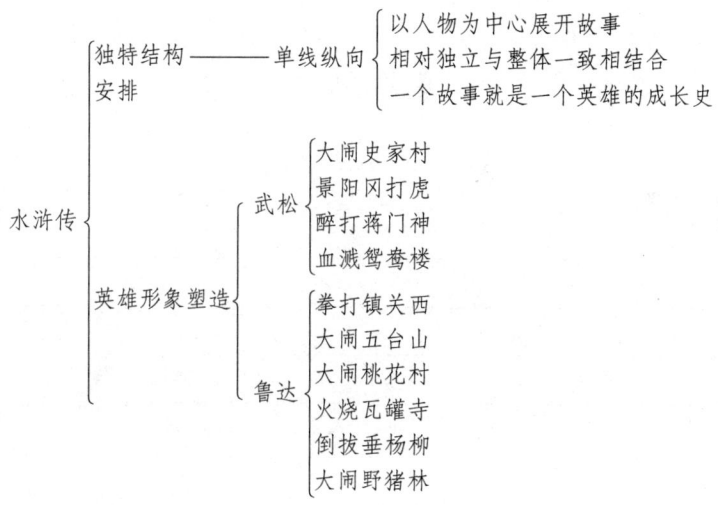

阅读策略3

《水浒传》写108个人，就有108个样。你可以通过人物的绰号去猜测人物的身份、本领，你也可以通过曲折的情节去预测英雄人物的结局。一起来玩一个猜猜看的游戏吧！

绰号我来猜

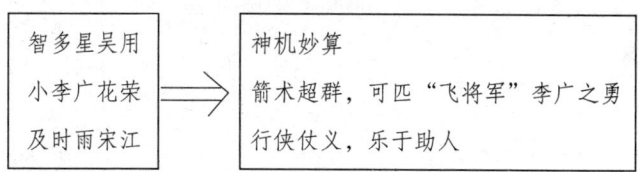

有意思吧，没想到"小绰号"里还藏着"大智慧"呢，令人佩服！此刻，你是不是也想一展身手啊？

写 互动延展

一百年前，国学大师梁漱溟的父亲梁济曾向25岁的儿子发问："这个世界会好吗?"那个"世纪之问"，在新时代会有怎样的回答？我想：答案是肯定的，我们正以我们的亲身经历，见证着"每一个时代都不缺英雄"的事实。拿起笔，为你心目中的英雄设计一张"英雄贴"，并讲一讲、写一写他的故事。

英 雄 帖

英雄姓名：_____

英雄形象：_____

英雄故事：_____

_____

_____

_____

号称"漫威之父"的斯坦·李生前说过一句话："没有挑战的人生，是不完整的。"阅读经典会让你的人生变得完整！没有一个儿童会惧怕挑战，他们只惧怕无趣。面对挑战，你必须勇敢，你必须强大，像个英雄一样顶天立地。其实，我们每个人都是自己世界里无可取代的英雄人物。俗话说，山里有虎天上的鹰知道，水里有鳄水边的熊知道。英雄盯着英雄，好汉看着好汉。翻看《水浒传》，与英雄结伴！

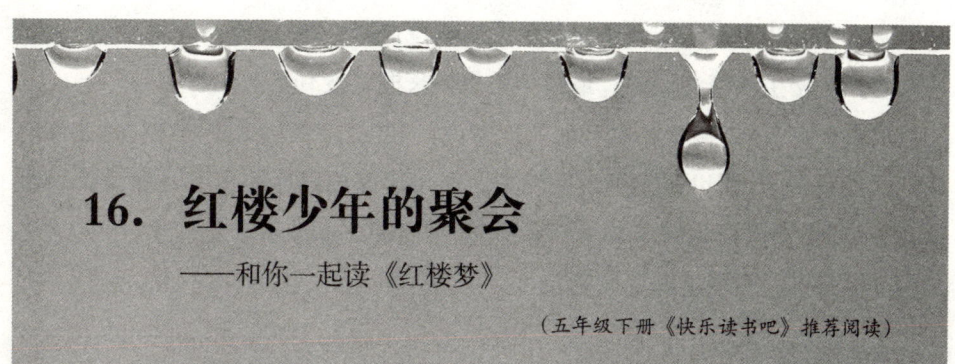

16. 红楼少年的聚会
——和你一起读《红楼梦》

（五年级下册《快乐读书吧》推荐阅读）

马　静

特色导读

开谈不说《红楼梦》，读尽诗书也枉然。《红楼梦》——一部中国古典小说的巅峰之作，以贾、史、王、薛四大家族兴衰为背景，以贾宝玉和林黛玉的爱情故事为主线，展现了古代社会各个角度的人生百态，同时巧妙地融入了对诗词歌赋、哲学历史、书画茶艺，甚至衣着饮食、植物医药等诸多方面的独到见解，堪称一部百科全书式的经典之作。

著名学者马瑞芳教授站在儿童的角度告诉同学们："有这样一本书，她一等一地好看，登峰造极地好玩，她是最好的中国故事，她的名字叫《红楼梦》。"

一部鸿篇巨制，竟成为好看好玩的故事书，这究竟藏着怎样的奥秘？看，春日里大观园中饯别花神的热闹，夏日里怡红院里群芳夜宴的自由，秋日里"海棠诗社"吟诗作赋的高雅，冬日里芦雪亭烤肉联诗的欢乐，这些聚会中的主人公都是《红楼梦》里一群年龄与我们相仿的少年。同学们，还等什么？走，参加聚会！

多元感悟

未见其"红楼"，已闻其声名：

听，林黛玉在花园一角，低吟"花谢花飞花满天，红消香断有谁怜"；

看，宁国府书房高悬："世事洞明皆学问，人情练达即文章"；

瞧，刘姥姥走进大观园，眼花缭乱、满载而归；

叹，红楼生活繁花似锦，最终"千里搭长棚，没有不散的宴席"。

放眼世界，《红楼梦》罗马尼亚译者说："《红楼梦》是欧洲文化从来没有达到过的高峰。"所以这充满诗歌魅力，又传递深刻思想的文字被翻译成34种语言，155个不同篇幅的译本，流行于全世界100多个国家和地区。

究竟是谁，写下这鸿篇巨制？

关于作家

曹雪芹，清朝康熙五十四年（1715）出生于今天的辽宁省。曹氏一门赫赫有名，是当之无愧的大家族。曾祖屡立战功，曾祖母给康熙皇帝做过乳母；祖父辈当过康熙伴读。一门三代世袭"江宁织造"，长达六十年之久。

曹雪芹就在这繁盛荣华的家境中度过了少年时光。雍正五年（1727），家中遭遇变故，曹家自此败落。他一生最后十几年，流落到北京西郊的一个小山村，沦落到"举家食粥酒常赊"的地步。1764年，他终于因贫病无医而逝世。

生活困顿期间，他深感世态炎凉、人情冷暖，历经多年艰辛，"披阅十载，增删五次"，终于创作出伟大的作品——《红楼梦》。2008年，人民文学出版社出版的古典文学读本标注为前八十回曹雪芹著，后四十回无名氏作，程伟元、高鹗整理。

知识加油站

江宁织造在清朝只是正五品官员，却由皇帝钦点任职，有点钦差的意思，并且还能直接向皇帝内参奏，提供江南地区的各种情报，所以极受皇帝信任。因此实际地位远高于其他五品官员，就连当时的一品两江总督都要对他好言好语。曹家权势显赫可见一斑。

人物速写

曹雪芹"身胖，头广而色黑"。他性格傲岸，愤世嫉俗，豪放不羁，才气纵横，嗜酒善谈，爱好广泛。即使在穷困艰难的环境里，他依然持续对金石、诗书、绘画、园林、中医、织补、工艺、饮食等有研究。

说 共读故事

美丽传说

同学们，好故事，都有一个唯美的开篇："他是甘露之惠，我并无此水可还。他既下世为人，我也去下世为人，但把我一生的眼泪还他，也偿还的过他了。"贾宝玉原是天上的神瑛侍者，林黛玉原是天上的绛珠仙草。神瑛侍者每天辛勤地给绛珠仙草浇水，绛珠仙草为了报答神瑛侍者的恩惠立下誓言要用一生的泪来报答他。于是一干众人陪着他们一起下凡历劫，就有了《红楼梦》中的许多少年。

经典形象

同学们，先了解一下我们聚会中的人物，其中有离经叛道却善解人意的贾宝玉，有多愁善感又诗书满怀的林妹妹，有宽厚随和但不失心机的宝姐姐，有颇具才华并率真豁达的史湘云，有软弱善良而令人叹惋的贾迎春，有善写书法且睿智开朗的贾探春，有工笔一流可年幼倔强的贾惜春，有大权在握却泼辣毒辣的王熙凤，有独守空闺能安心教子的李宫裁……

据统计，全书共写了975个人物，有姓名称谓的732人。人物众多，关系复杂，想读懂红楼梦，先要理清这个大家族之间的人物关系。

无论在聚会中还是小说里，人物都是重要元素，而小说中的人物绝不可能是孤立存在的，往往有很多"相关"的人物和主要人物发生着各种关系。在把握主要人物的同时，理清众多人物的关系，是读好小说的又一要点。

理清人物关系，可以采用列表格、梳理思维导图，甚至边读边做笔记等方法。

命运伏笔

同学们，让我们记住聚会中主角儿的名字。他们的名字每个都别有深意，如果能读懂，你会在这场聚会中更尽兴！

妙用谐音

【人名谐音】

元春、迎春、探春、惜春：缘因叹息

甄士隐、贾雨村：真事隐、假语存

霍启、娇杏：祸起（火起）、侥幸

詹光、单聘仁、卜固修：沾光、善骗人、不顾羞

【物品名谐音】

群芳髓：群芳碎（香名）

万艳同杯：万艳同悲（酒名）

千红一窟：千红一哭（茶名）

枫露茶：逢怒茶（茶名）

【地名谐音】

仁清巷：人情巷

十里街：势力街

潇湘馆：消香馆

蘅芜苑：恨无缘

【画外音】

这是红楼语言的一大特色，曹雪芹特别善于用谐音给人物、地点和物品取名。仔细阅读思考，你对全书情节的发展、人物的命运，甚至对自己人生的思考，都会有更深的领悟。

赏析内文

同学们，让我们走进聚会，去参加高情迈俗的那一次结社——"秋爽斋偶结海棠社"。

读读选段，大观园的少年们正在筹建诗社、起诗号呢。有人说："性格是一种副产品，它产生于完成日常事务的伟大过程之中。"这个过程，也是曹雪芹巧妙地描写人物个性的过程。你发现了吗？

片 段 一

　　黛玉道："既然定要起诗社,咱们都是诗翁了,先把这些姐妹叔嫂的字样改了才不俗。"李纨道："极是,何不大家起个别号,彼此称呼则雅。我是定了'稻香老农',再无人占的。"

　　探春笑道："我就是'秋爽居士'罢。"宝玉道："居士、主人到底不恰,且又瘰赘。这里梧桐芭蕉尽有,或指梧桐芭蕉起个倒好。"探春笑道："有了,我最喜芭蕉,就称'蕉下客'罢。"众人都道别致有趣。黛玉笑道："你们快牵了他去,炖了脯子吃酒。"众人不解。黛玉笑道："古人曾云'蕉叶覆鹿'。他自称'蕉下客',可不是一只鹿了?快做了鹿脯来。"众人听了都笑起来。

　　探春因笑道："你别忙中使巧话来骂人,我已替你想了个极当的美号了。"又向众人道："当日娥皇女英洒泪在竹上成斑,故今斑竹又名湘妃竹。如今他住的是潇湘馆,他又爱哭,将来他想林姐夫,那些竹子也是要变成斑竹的。以后都叫他作'潇湘妃子'就完了。"大家听说,都拍手叫妙。林黛玉低了头方不言语。李纨笑道:"我替薛大妹妹也早想了个好的,也只三个字。"惜春迎春都问是什么。李纨道:"我是封他'蘅芜君'了,不知你们以为如何。"探春笑道:"这个封号极好。"宝玉道:"我呢?你们也替我想一个。"宝钗笑道:"你的号早有了,'无事忙'三字恰当的很。"李纨道:"你还是你的旧号'绛洞花主'就好。"宝玉笑道:"小时候干的营生,还提他作什么。"探春道:"你的号多的很,又起什么。我们爱叫你什么,你就答应着就是了。"宝钗道:"还得我送你个号罢。有最俗的一个号,却于你最当。天下难得的是富贵,又难得的是闲散,这两样再不能兼有,不想你兼有了,就叫你'富贵闲人'也罢了。"宝玉笑道:"当不起,当不起,倒是随你们混叫去罢。"李纨道:"二姑娘四姑娘起个什么号?"迎春道:"我们又不大会诗,白起个号作什么?"探春道:"虽如此,也起个才是。"宝钗道:"他住的是紫菱洲,就叫他'菱洲',四丫头在藕香榭,就叫他'藕榭'就完了。"

　　(节选自第三十七回　秋爽斋偶结海棠社　蘅芜苑夜拟菊花题)

名师伴读

【诗号谶言】

　　探春替林黛玉想了一个极当的美号——"潇湘妃子",依据了"娥皇女英哭舜帝"的典故。林黛玉住在潇湘馆,周围遍中绿竹,她又爱哭,探春就说:"将来,林黛玉想林姐夫,泪水滴在竹子上,那些竹子也是要变成斑竹的。"这个诗号起得实在好,既引经据典突出林黛玉爱哭的特点,又巧妙地暗示将来林黛玉的结局,她是要为哭林姐夫泪尽而亡的,可以说探春这番话也就成了林黛玉命运的谶语。

知识加油站

> 诗社发起者探春自称为"蕉下客",却引来大家一阵嬉笑。这个典故出自《列子·周穆王》"蕉叶覆鹿"。

同学们,随着第一次走进聚会,相信你对他们已经有所了解。聚会上,总会有好朋友,如果让你选,你会选谁做朋友?能说说理由吗?

其实,大家刚才在聚会中只看见冰山一角。聚会中,各位"诗翁"起好雅号之后,立刻就来了一场赛诗会。他们吟诵的主题是"白海棠花",既限题又限韵,难度特别高。但是大观园中少年们却各得佳句。让我们聚焦精彩之处。

林黛玉:"半卷湘帘半掩门,碾冰为土玉为盆。偷得梨蕊三分白,借得梅花一缕魂。"写白海棠的洁白,是从白似雪的梨蕊那里偷偷拿来的,是从人们敬重的梅花那里借来的,联想新奇,不落俗套,也表现出自己的娇羞、清纯、洁白的个性。

与林黛玉完全不同的是薛宝钗,她笔下的白海棠就成为端庄身份的象征:"珍重芳姿昼掩门,自携手瓮灌苔盆。淡极始知花更艳,愁多焉得玉无痕。"这是赞美白海棠,也是薛宝钗赞美自己——正因为自己不加修饰,素面朝天,才显出天然的艳丽。

才华不输她二人的是史湘云。要知道,这位史大姑娘是第二天才急匆匆赶来参加诗会的。一进门就迫不及待地吟诵了两首诗,看第一首"神仙昨日降都门,种得蓝田玉一盆",想象新奇而大胆,多符合史湘云豪爽的性格。别急,还有一首呢:"蘅芷阶通萝薜门,也宜墙角也宜盆。"她的诗就是大度,就是洋

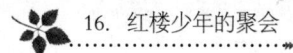

洋洒洒。

而探春为人刚强,有志气,所以她笔下的白海棠是这样的——"玉是精神难比洁,雪为肌骨易销魂。"

《红楼梦》这部长篇小说,用诗、词、文、赋等各种语言形式来写人物、讲故事。大观园的诗会,成为《红楼梦》最有诗情画意的一部分、最有文化蕴含的一部分。这些诗句不仅文质兼美,而且与人物命运紧密联系。曹雪芹创作《红楼梦》最有才华的地方表现在,他替红楼人物写诗歌,写一个人像一个人。不仅每个人的诗歌不一样,每个人写诗的脾气性格也不一样,所以红楼诗歌绝对值得我们一字一句地推敲赏析。

同学们,刚走出高雅的诗词聚会,仅三个章回之隔,我们又来到欢乐的聚餐时光。这可是《红楼梦》的经典场面。老师先不多说,大家快去看。

片段二

贾母这边说声"请",刘姥姥便站起身来,高声说道:"老刘,老刘,食量大似牛,吃一个老母猪不抬头。"自己却鼓着腮不语。

众人先是发怔,后来一听,上上下下都哈哈的大笑起来。史湘云撑不住,一口饭都喷了出来;林黛玉笑岔了气,伏着桌子叫"嗳哟";宝玉早滚到贾母怀里,贾母笑的搂着宝玉叫"心肝";王夫人笑的用手指着凤姐儿,只说不出话来;薛姨妈也撑不住,口里茶喷了探春一裙子;探春手里的饭碗都合在迎春身上;惜春离了坐位,拉着他奶母叫揉一揉肠子。地下的无一个不弯腰屈背,也有躲出去蹲着笑去的,也有忍着笑上来替他姊妹换衣裳的,独有凤姐鸳鸯二人撑着,还只管让刘姥姥。

(节选自第四十回 史太君两宴大观园 金鸳鸯三宣牙牌令)

名师伴读

怎么样,同学们?短短280多个字,是不是紧紧锁住了你的双眸,让你也忍俊不禁?曹雪芹就好像最高明的摄像师,这些人本是同时笑出来的,但他用摇镜头的方式表现出来,一人一个姿态,一人一个笑模样,每个姿态和笑容各有不同,却都与他的身世个性合拍。

同学,别只顾着笑,老师考考你的眼力,在这一屋子人里,竟然有没笑的人,你发现了吗?文中写道:"独有凤姐鸳鸯二人撑着,还只管让刘姥姥。"这是一目了然,她们不笑自有原因。同学们,你心里数一数大观园里的姐妹们,还有三个人在宴席上却没有笑,你能说出她们的名字吗?

想一想前次聚会中,你对他们性格的了解,再结合书中谶言思考。有答案了吗?

同学们,刚才参加了两场聚会,一场高雅脱俗,一场令人捧腹,一定让你念兹在兹。其实在《红楼梦》中,这样的聚会层见叠出,或是自由自在的游园赏春,或是别致新鲜的品茶谈天,或是热热闹闹的熬夜庆生;或动或静,或喜或忧……无论如何,请你一定要到大观园中来,参加这一场场同龄少年的聚会。

写 互动延展

☆1.聊一聊红楼聚会,写一写心中所想

同学们,交流是一种读书方法,写作也是一种读书方法。在《红楼梦》中,像上面读过的这样的聚会还有很多次,你能根据这些章回的目录猜测一下聚会的主题,写一写聚会的场景吗?

林潇湘魁夺菊花诗　_____
琉璃世界白雪红梅　_____
芦雪广争联即景诗　_____
憨湘云醉眠芍药裀　_____
寿怡红群芳开夜宴　_____
占旺相四美钓游鱼　_____
……

☆**2.读一读红楼故事**

同学们,《红楼梦》是我们中国人心灵相通的精神密码,是值得我们一生相伴的案头书。这本书的魅力不仅在于该深处深,更在于该浅处浅。她像一本百科全书,内容涵盖极其广阔,适合各年龄层,年少能读出欢乐,年老会读出沧桑。她适合从各角度去读,佛学家能从中读出佛,美食家能从中读出吃,聪明人能从中读出处事之道……

读《红楼梦》,从头读起无可厚非,如果想有不一样的读法,你可以从聚会的角度读进去,也可以从最感兴趣的篇目读进去,《红楼梦》是章回体小说,其特点就是每一个或者临近的三两回涉及一个或者几个相对独立的人物,形成一个相对独立的故事。《红楼梦》就是用一个个相对独立的片段组成了这部中国最好的故事。

同学们,读红楼吧!无论从哪里开始读,你都可以轻轻松松地读进去,一旦读进去,你一定不愿再走出来;无论从哪里开始读,你会读得很有意思;无论从哪里开始读,你都会感受到浓郁的中华文化扑面而来……

同学们,让我们手捧红楼,走过四季。赏风花雪月,叹儿女情长,看人情冷暖,悟人生真谛!

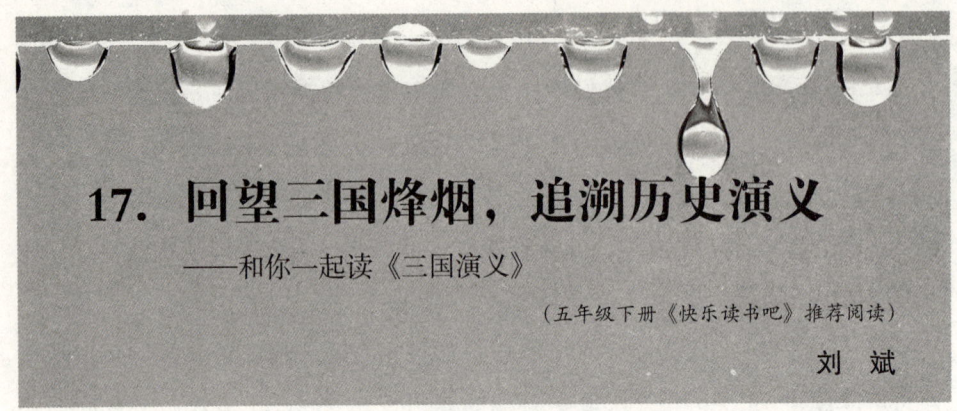

17. 回望三国烽烟，追溯历史演义
——和你一起读《三国演义》

(五年级下册《快乐读书吧》推荐阅读)

刘 斌

特色导读

在日常的学习生活中，你们一定积累过"三顾茅庐""刮目相看""乐不思蜀"这样的成语，也一定听说过"三个臭皮匠——顶个诸葛亮""周瑜打黄盖——一个愿打，一个愿挨""司马昭之心——路人皆知"这样的歇后语。喜欢戏曲的同学，也许还和爷爷奶奶一起看过《借东风》《空城计》；经常旅游的同学，可能去过山西运城的解州关帝庙……

这些耳熟能详的成语、妇孺皆知的歇后语、经典流传的剧目、引人入胜的景点，都藏在一本书中，它就是古典长篇小说四大名著之一的《三国演义》。别看它戴着"古典""名著"这样的光环和头衔，其实它离我们很近，早已从历史的尘埃中走来，走进了千家万户的生活，也走进了万千读者的内心。让我们拨开历史的迷雾，一起去追溯那段历史演义的精彩吧！

多元感悟

俗话说："时势造英雄，英雄亦适时。"回望三国烽烟，我们先来走近这些英雄人物。下面几句话是《三国演义》中几位主要人物的外貌描述，同学们，你能猜到他们分别是谁吗？

"生得身长七尺五寸，两耳垂肩，双手过膝，目能自顾其耳，面如冠玉，

17. 回望三国烽烟，追溯历史演义

唇若涂脂。"

"丹凤眼，卧蚕眉，面如重枣，唇如涂脂，相貌堂堂。"

"燕颔虎须，豹头环眼，声若巨雷，势如烈马。"

> 我猜到了，他们分别是：_____、_____、_____。

只用语言描述，就让一个个鲜活的人物形象深入人心，这是语言的魅力。《三国演义》作为历史演义小说的经典之作，历来备受各种艺术表演形式的青睐。在《三国演义》所有的表现形式中，最令人拍案叫绝的，是评书。《三国演义》经过评书艺人的精心构思和不断创作，因其情节紧张曲折、人物性格鲜明而广为流传，深得民众喜爱。

关于《三国演义》，哪位说书人的演绎最精彩？试着从网上查找资料，听一听《三国演义》的评书选段。你能抓住人物的外貌，来感受人物的性格特点吗？选择你最喜欢的英雄人物，介绍给大家吧！

> 描写人物的语句：_____
> 人物姓名：_____
> 性格特点：_____

说 共读故事

相信评书《三国演义》中那些运筹帷幄的谋士、叱咤疆场的武将一定深深吸引着你。这些人物在历史上真有其人吗？

想了解这些问题，我们可以先从题目入手。三国，说的是东汉末年，魏、蜀、吴三个国家从建立到司马炎统一三国，建立晋朝这个时间段，讲述了三个国家之间的政治和军事斗争。演义，是小说体裁之一，是根据史传融合野史，经过艺术加工的一种通俗的长篇小说。所以，《三国演义》中的情节和人物是基于历史，依据文学创作的需要重新演绎而成的。

《三国演义》这部名著，既能满足我们了解历史的渴望，又能品读到经过改编的生动情节和性格鲜明的英雄人物，难怪在其问世之初就使读者"争相誊

录，以便观览"。你愿意随着老师的脚步，继续走进这部文学名著吗？

作为我国古代第一部长篇章回体小说，《三国演义》的回目中，一定藏着能帮助我们快速把握整本书内容的小秘密，赶快来看看，细心的你有什么发现吗？

第一回 宴桃园豪杰三结义 斩黄巾英雄首立功	第二回 张翼德怒鞭督邮 何国舅谋诛宦竖
第三回 议温明董卓叱丁原 馈金珠李肃说吕布	第四回 废汉帝陈留践位 谋董贼孟德献刀
第五回 发矫诏诸镇应曹公 破关兵三英战吕布	第六回 焚金阙董卓行凶 匿玉玺孙坚背约
第七回 袁绍磐河战公孙 孙坚跨江击刘表	第八回 王司徒巧使连环计 董太师大闹凤仪亭
第九回 除暴凶吕布助司徒 犯长安李傕听贾诩	第十回 勤王室马腾举义 报父仇曹操兴师
第十一回 刘皇叔北海救孔融 吕温侯濮阳破曹操	第十二回 陶恭祖三让徐州 曹孟德大战吕布
第十三回 李傕郭汜大交兵 杨奉董承双救驾	第十四回 曹孟德移驾幸许都 吕奉先乘夜袭徐郡
第十五回 太史慈酣斗小霸王 孙伯符大战严白虎	第十六回 吕奉先射戟辕门 曹孟德败师淯水
第十七回 袁公路大起七军 曹孟德会合三将	第十八回 贾文和料敌决胜 夏侯惇拔矢啖睛
第十九回 下邳城曹操鏖兵 白门楼吕布殒命	第二十回 曹阿瞒许田打围 董国舅内阁受诏
第二十一回 曹操煮酒论英雄 关公赚城斩车胄	第二十二回 袁曹各起马步三军 关张共擒王刘二将
第二十三回 祢正平裸衣骂贼 吉太医下毒遭刑	第二十四回 国贼行凶杀贵妃 皇叔败走投袁绍
第二十五回 屯土山关公约三事 救白马曹操解重围	第二十六回 袁本初败兵折将 关云长挂印封金
第二十七回 美髯公千里走单骑 汉寿侯五关斩六将	第二十八回 斩蔡阳兄弟释疑 会古城主臣聚义
第二十九回 小霸王怒斩于吉 碧眼儿坐领江东	第三十回 战官渡本初败绩 劫乌巢孟德烧粮

通过阅读上面的目录，以及目录中画线的文字，细心的你一定发现了回目中的_____和_____，这就是章回体小说的特点。关注回目，我们就能迅速了解、把握整本书的主要内容。

原来，《三国演义》主要就是记述了战争场面和英雄人物的故事。作为我国古典长篇小说四大名著之一，《三国演义》共有一百二十回。书中为我们呈现了近百年的历史烽烟、一千多位出场人物，这样庞杂的内容，《三国演义》是怎样做到既条理有序又精彩绝伦的呢？

时间叙事理脉络

《三国演义》第一回写道："话说天下大势，分久必合，合久必分。"书中看似庞杂的内容，通过时间叙事，将事件与人物巧妙串联成为一个充满意义的有机整体，从"群雄逐鹿"到"三国鼎立"，各方势力交错登场，为读者再现了烽烟四起的三国时代。

分清主次巧安排

众多的事件和出场人物，在记叙时又有主次、详略之分，重要的人物和事件前后关联；而次要的内容则简要记述，恰当地衔接了整个宏大的叙事结构。

了解了这么多与《三国演义》相关的内容，相信你一定迫不及待地要读一读原著了。都说"不动笔墨不读书"，让我们先来为自己制订一个读书计划吧！阅读时遇到感触较深的部分，还可以和同学们交流一下。

《三国演义》读书计划			
阅读日期	阅读内容（回目）	出场人物	阅读感受

读 赏析内文

（一）成语之中知情节

《三国演义》中被人们津津乐道的，总是一波三折的故事情节、惊心动魄的战争场面，官渡之战、赤壁之战、彝陵之战更是以少胜多的经典战例。《三国演义》不仅情节生动，其中的许多小故事还演化成了成语，如桃园结义、望梅止渴、髀肉复生等。成语"万事俱备，只欠东风"你一定听过，它就出自《三国演义》中赤壁之战的部分。让我们跟随成语的脚步，一起走进火光冲天的赤壁古战场。

片段一

黄盖用刀一招,前船一齐发火。火趁风威,风助火势,船如箭发,烟焰涨天。二十只火船,撞入水寨,曹寨中船只一时尽着;又被铁环锁住,无处逃避。隔江炮响,四下火船齐到,但见三江面上,火逐风飞,一派通红,漫天彻地。

(节选自第四十九回　七星坛诸葛祭风　三江口周瑜纵火)

同学们一定有种意犹未尽的感觉,火烧赤壁这么宏大的战争场面,寥寥数语,怎么能让我们感受到故事情节的精彩呢?读书需有疑,而成语就是此时为我们解疑的钥匙。原来,我们可以这样读三国:

☆1.情节环环相扣

火烧赤壁只是赤壁之战的结果,而最精彩的却是之前的"万事俱备"。黄盖施苦肉计诈降,备好了火船;庞统献连环计,将曹军的战船铁索连环;诸葛亮通晓天文,"借"来了东风。火烧赤壁只有寥寥数语,可"万事俱备"的过程在原著中却写了八个回目的内容。写战争,却不用大量笔墨写战争场面,而是通过环环相扣的情节让读者感受"山雨欲来风满楼"的紧张激烈。

☆2.叙述张弛有度

写战争,却不重点写武力冲突,在环环相扣的情节之中,叙述得有缓有急。赤壁之战本是孙刘联军对抗曹操的情节,却在其中穿插叙述了诸葛亮草船借箭、曹操横槊赋诗等"小插曲",不仅丰富了故事内容,也勾起了读者的阅读期待,使战争情节深深印刻在读者的内心。战争不是战役,不仅有战场上的冲锋陷阵,也有阵营间的你争我夺,这就是《三国演义》这部历史演义小说在故事情节上的艺术魅力。

小小成语,让我们窥探到赤壁之战的"写作密码"。书中大小战役数十次,想真正走进《三国演义》,还需要我们去了解更多让人难以忘怀的故事情节,从原著中回望硝烟弥漫的古战场。

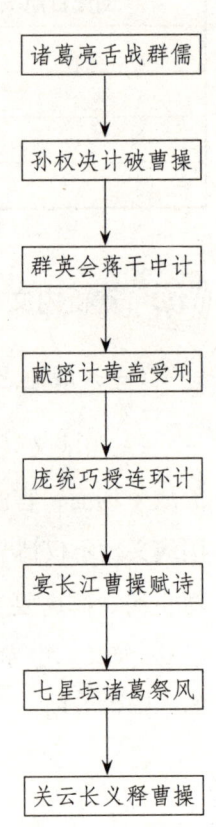

（二）歇后语中识英雄

黄脸的典韦、白脸的曹操、黑脸的张飞，在戏剧中，我们通过脸谱来判断人物的性格特点。那么，《三国演义》的原著中是怎样为我们塑造一个个鲜明的英雄形象的呢？威武有力、粗鲁豪爽的"猛张飞"，真的只是有勇无谋的猛将吗？像"张飞绣花——粗中有细"这样短小、风趣、形象的歇后语，或许能帮助我们了解这些三国英雄鲜为人知的另一面。

片 段 二

有细作报上山来，张郃自来山顶观望，见张飞坐于帐下饮酒，令二小卒于面前相扑为戏。郃曰："张飞欺我太甚！"传令今夜下山劫飞寨，令蒙头、荡石二寨，皆出为左右援。当夜张郃乘着月色微明，引军从山侧而下，径到寨前。遥望张飞大明灯烛，正在帐中饮酒。张郃当先大喊一声，山头擂鼓为助，直杀入中军。但见张飞端坐不动。张郃骤马到面前，一枪刺倒——却是一个草人。急勒马回时，帐后连珠炮起。一将当先，拦住去路，睁圆环眼，声如巨雷：乃张飞也。——挺矛跃马，直取张郃。两将在火光中，战到三五十合。张郃只盼两寨来救，谁知两寨救兵，已被魏延、雷铜两将杀退，就势夺了二寨。张郃不见救兵至，正没奈何，又见山上火起，已被张飞后军夺了寨栅。张郃三寨俱失，只得奔瓦口关去了。张飞大获胜捷，报入成都。玄德大喜，方知翼德饮酒是计，只要诱张郃下山。

（节选自第七十回　猛张飞智取瓦口隘　老黄忠计夺天荡山）

凭借勇武在长坂桥喝退百万雄兵的猛张飞，也能用计取胜。《三国志》的作者陈寿曾评价："关羽、张飞皆称万人之敌，为世虎臣。羽报效曹公，飞义释严颜，并有国士之风。"原来，我们可以这样识英雄：

☆**1. 沧海横流，方显英雄本色**

《三国演义》中出场人物众多，人物关系复杂，重要的人物涉及的回目较多，不能通过个别情节来判定人物形象，要把一个个性格鲜明、形象饱满的英雄人物放到《三国演义》宏大的叙事背景当中来感知。不仅是张飞，"宁教我负天下人，休教天下人负我"的"奸雄"曹操，也有赤脚出营迎许攸的亲和；

才智无双、神机妙算的诸葛亮,也会出现"大意失街亭,挥泪斩马谡"的失误。英雄人物的刻画,离不开历史滚滚的洪流。

☆**2. 大浪淘沙,才见壮志豪情**

书中的英雄人物,均是文臣武将,其中不乏性格特点相近的人物。《三国演义》将英雄人物的刻画融入具体的事件情节之中,让我们在阅读的过程中体会英雄人物之间的细微差别。同样是勇武过人,典韦率十余人阻挡叛军是勇,周泰为保护孙权受创数十处是忠,关云长寻兄千里走单骑是义。初读相似,实则大不相同,数百位文臣武将经过历史演义的艺术创作,展现出不同的壮志豪情。

读到这里,相信那些从三国烽烟中走来的英雄人物的形象已经逐渐丰满,逐步走进了你的内心,你的眼前一定飞扬着一个个鲜活的面容。读《三国演义》,我们认识了这些英雄人物;品读英雄,我们更能感受书中那驰骋纵横在人间的英雄气概。

写 互动延展

黯淡了刀光剑影,远去了鼓角铮鸣,《三国演义》中的故事和人物却经久不衰,历久弥新,早已融入了我们生活的方方面面。现在学校要举办"三国风云榜设计大赛",请根据你的阅读体验,为你心仪的三国英雄设计1~2个专属技能,通过英雄,感受驰骋疆场的快感,领略历史的风云变幻。

三国风云榜设计大赛参赛作品

所选人物:(手绘图稿)	人物姓名:	
	技能1:	技能2:
	涉及的故事情节:	涉及的故事情节:
	设计理念:	设计理念:

17. 回望三国烽烟，追溯历史演义

> **示例**
>
> 人物姓名：诸葛亮
>
> 技能："空城"
>
> 涉及的故事情节：源于《三国演义》第九十五回"马谡拒谏失街亭　武侯弹琴退仲达"，讲的是面对司马懿的大军，诸葛亮让军士大开城门，登上城楼从容抚琴。司马懿怕有埋伏，便下令退兵。
>
> 设计理念：诸葛亮凭借着智慧和胆识，利用心理战吓退了司马懿，让"空城计"成为《三国演义》中智斗的经典。

"滚滚长江东逝水，浪花淘尽英雄"，说不尽荡气回肠的历史烽烟，道不完驰骋疆场的英雄演义。同学们，你愿意继续走进《三国演义》，遥望历史的天空，领略演义的精彩吗？赶快翻开原著读一读吧。

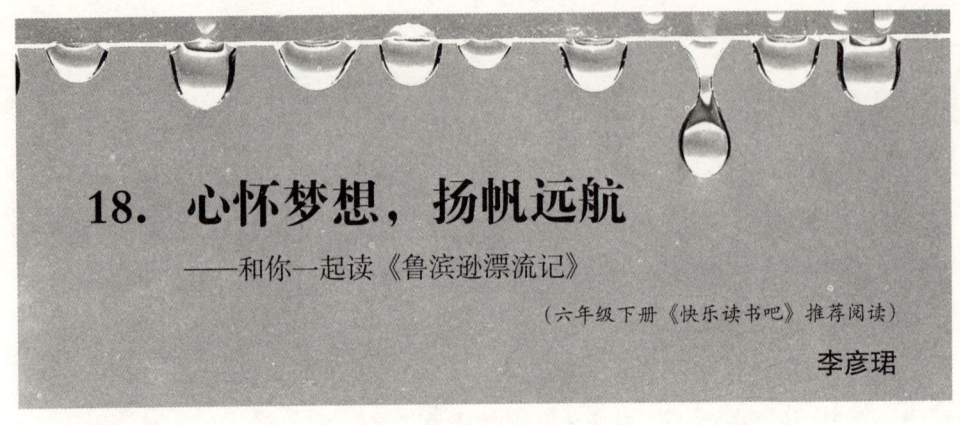

18. 心怀梦想，扬帆远航
——和你一起读《鲁滨逊漂流记》

(六年级下册《快乐读书吧》推荐阅读)

李彦珺

特色导读

故事开始前，让我们把目光聚集到300多年前的英格兰……

大街小巷的人们都在议论一个传奇的人物，那就是"五港同盟"号的领航员——亚历山大·塞尔柯克。1704年，他随船出海，中途与船长发生争吵，被船长遗弃在距智利海岸900多公里的胡安·费尔南德斯群岛中的一个叫马萨捷尔的小岛上。塞尔柯克只随身带了简单的生活用品和火石枪。弹药用完后，他只能快跑追山羊，靠着一双手过着茹毛饮血的原始生活。后来，他跑步跑出了新速度，竟然比猎狗还快。就这样，他孤身一人在荒岛上生活了下来。四年零四个月后他才被航海家发现而获救，那时候，塞尔柯克已经忘记了人的语言，完全变成了一个野人。

这段传奇的冒险经历激发了一位作家的灵感，不久，以塞尔柯克的经历为原型的小说发表了，这部小说被后人奉为英国史上第一部现实主义长篇小说。这位优秀的作家就是丹尼尔·笛福；这部妙趣横生、脍炙人口的著作，便是接下来我们要一起翻开的——《鲁滨逊漂流记》。

多元感悟

 关于作家

丹尼尔·笛福是英国新闻记者及小说家，是英国启蒙时期现实主义小说的

奠基人，在18世纪英国四大著名小说家中名列第一。除了《鲁滨逊漂流记》以外，他还写了《杰克上校》《莫尔·弗兰德斯》《辛格顿船长》等，展示了他作为小说家的才能。

1660年，笛福出生于英国首都伦敦一个蜡烛制造商家庭。由于他出身于中小资产阶级家庭，只受过中等教育，曾先后两次破产，还因为言论关系三次饱尝铁窗之苦。在几经起伏之后，笛福厌倦了政治和金钱，在年近60岁之时开始创作小说。他干过五花八门的行当，如小百货商人、货运业、海上保险业、砖瓦制造业等，同时积累了丰富的航海经验，为创作《鲁滨逊漂流记》提供了充分的素材。

关于作品

《鲁滨逊漂流记》成书于1719年左右，是丹尼尔·笛福发表的第一部小说。这部小说成功地塑造了一个理想化的新兴资产者形象，这在欧洲小说史上是一项创举，因此他博得了"英国和欧洲小说之父"的美誉。

小说出版后大受欢迎，五个月内竟然出了四版。三百年来，这部小说几乎被译成了世界上所有的文字，成为世界文学史上不朽的名著。

小说的主人公鲁滨逊出身于一个体面的商人家庭，他渴望航海，一心想去海上冒险，曾三次离家出海远游。整本书的高潮源于他第四次航海：船在途中遇到大风暴，不幸触礁，船上的同伴都葬身海底，唯有鲁滨逊一人幸存，但却漂流到一个荒无人烟的孤岛上。在经过最初的恐惧和失望后，他调整心态，靠双手和智慧艰难地活了下来。岛上没有住所，他用从沉船上打捞出来的简单工具搭建窝棚；岛上缺少食物，他想尽办法圈养动物、种植粮食……在岛上孤独地生活了十五年后，他发现了一个陌生的脚印，这令他惊恐万分、寝食难安。为了确保自己安全的生存环境，他采取了一系列防御措施。第二十六年，他救了一位险些被同类吃掉的野人，因为那天是他日记中的星期五，于是他就给这个野人俘虏取名为"星期五"。鲁滨逊教化星期五，星期五成为他最得力的帮手和最忠实的仆人。就这样他在岛上生活了二十八年后，终于来了一艘英国船只，鲁滨逊帮船长平定了叛乱，夺回船只。船长为了感谢他，把他和"星期五"一起带回了英国。

亲爱的孩子，听了这个故事，你一定关注了这几个数字：一人、四次、二十八年。一个人为了梦想四次出海，遇海难后，竟然独自在荒岛生活二十八年，这简直太不可思议了！此刻，你的脑海中是不是如右框内所述内容会冒出无数个小问号？

> 住在哪里？
> 生病怎么办？
> 没有食物怎么办？
> 暴风雨来了怎么办？
> 怎么计算时间？
> 怎么防御野兽？
> 怎么躲过地震？
> ……

带着你的问题，接下来在阅读探险过程中慢慢去经历，自己揭晓答案，相信你一定不虚此行！

说 共读故事

法国思想家卢梭曾说："每个成长中的青少年，尤其是男孩子，都应该读读它。"鲁滨逊究竟有着怎样神奇的魅力，值得所有青少年仰慕呢？读了下面的"鲁滨逊鉴定卡"，你就会对这位荒岛英雄略知一二。当然，他还有很多值得我们学习的精神品质，会是什么呢？相信在后面的分述中会看到你的独特见解！

他——心怀梦想，不懈努力

鲁滨逊从小就幻想着环游世界，除了航海和冒险，对别的一点儿兴趣也没有。在实现梦想的过程中，他抵御自然风暴的袭击、与海盗做抗争，被奴隶主奴役，甚至还遭到野兽的威胁……面对接踵而至的坎坷，他非但没有退缩，反而愈战愈勇，这就是梦想的力量。从鲁滨逊的经历中，我看到一个愿意为梦想奔跑的人。

他——未雨绸缪，防患未然

流落荒岛后，鲁滨逊几次往返于海上的大船取东西。有些东西在荒岛上暂时没用，如：螺丝钉、大钳子、小斧子、磨轮等，但却都被鲁滨逊带到了岛上。继续往后读，你会逐渐见证那些东西派上大用场的时刻。他的思虑周全、防患未然，为荒岛生存提供了有力保障，这些不起眼的小玩意有什么用？猜一猜，再去书中验证一下吧。

18. 心怀梦想，扬帆远航

> **他——聪明勤奋，持之以恒**
>
> 鲁滨逊独自生存于荒岛，经验的缺乏以及条件的艰苦，使他做很多事情都会花费大量的时间，甚至可能白费力气，但他绝不放弃。比如他第一次种植庄稼的时候，因为时节不对，结果颗粒无收。他吸取教训，持之以恒，继续钻研，第二次获得了良好的收成，暂时解决了他的食物问题。他是怎么做到的？读书吧！

> **他——**

鲁滨逊既有个性，又有离家出走、漂洋过海、遭遇海难、陷身荒岛的曲折经历。读这样的故事，满足了小伙伴们无底洞般的好奇心，为他们开启了阅读与生活的链接之门。

读完这本书后，他们发出了这样的感慨：

> 鲁滨逊是个坚毅的人，他在荒岛上没有助手、缺少工具、缺乏经验，做任何事情都费时费力，可他从不灰心失望，不断努力拼搏，最终获得成功。
>
> 在生活中，我们要学习鲁滨逊这种坚强不屈的精神，遇到困难不灰心丧气，乐观地面对一切挑战；在学习上，我们更应该学习鲁滨逊吃苦耐劳的精神，面对知识险峰，不断向上，永不言弃。
>
> ——徐巳雅

> 当我读到"不管多么困难，都要有活下去的意志"这句话时，鲁滨逊那不惧困难、热爱生活、热爱生命的精神深深地感动了我。我不禁想到，在现实生活中有多少人因为在学习上、生活中遇到了一点挫折，就轻易放弃了自己的目标，甚至是仅有一次的生命。
>
> 扪心自问，假如自己遭遇挫折，会不会如此坚强？相比鲁滨逊而言，我遭遇的那些所谓的困难，简直微不足道，而自己所缺乏的正是他那种不屈不挠、不惧困难的精神！
>
> ——常艺馨

老师相信，随着你的阅读旅程的开启，你也会逐渐生发出属于自己的阅读感悟。这份感悟必定会融入你的血液，指引你走向更美好的未来！

读 赏析内文

亲爱的孩子，如果给你一个放飞梦想的机会，你会选择什么？

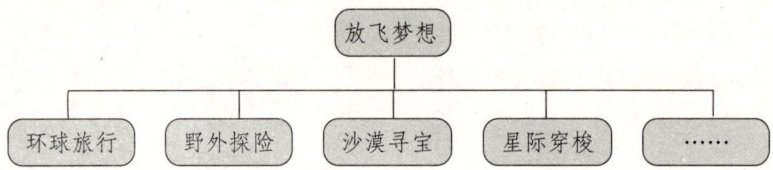

哇，每一项都充满神奇的力量，此刻你的思绪一定已经飞到了九霄云外，拥抱梦想了吧？

下面让我们置身于英国，跟紧鲁滨逊的步伐，登船——出海——开启这段海上冒险之旅吧。

起初还是阳光明媚，风平浪静，这种海风轻拂、极目远眺的感觉真是好极了！别太得意，漫漫旅途才走出第一步。就在这时，起风了——

海难篇

请看下面框内文字，大声读出来。读着这样叫人揪心的语言文字，你的眼前仿佛出现了怎样惊险无助的画面呢？

> 强劲的东北风连刮了十二天，我们只能任由风暴摆布着……
> 狂风不停地刮着，船上的情况万分危急……
> 滔天大浪不断冲进船里，我们都感到已经死到临头了。
> 大海依然波涛汹涌，海水疯狂地向岸上冲去，我们的船随时都可能被海浪撞成碎片，我们只能听天由命……
> 一个巨浪排山倒海地从我们后面冲来，顿时把我们的小艇打得船底朝天，我们全部落到海里，一下子就被浪涛吞没了。

你可能想到大海像一头咆哮的雄狮，拼尽全力掀起阵阵狂澜，那声音震耳欲聋，如同山崩地裂；也可能想到风浪太大船桨根本无法掌控方向，船上的同伴只好窝在墙角以固定自己的身体，在互相打气的同时也在默默地祈祷老天保佑；还可能想到大滴大滴的雨珠狠狠地砸下来，仿佛要把船身砸穿，狂风有了暴雨的陪伴，肆虐地吞噬着一切，小船在风暴中飘摇，随时有可能沉入茫茫大海……

文章中优美生动的语句，会营造出特定的情境。在阅读时，通过想象把文字转换成画面，让画面与文字再次相遇，可以让我们更加深刻地理解文章内容，体会文章表达的思想感情。在接下来的阅读中相信你一定会让想象伴随文字飞翔。

告诉你个小秘密，鲁滨逊的经历还被拍成电影、动画片等影视作品，你也可以在视频中找寻想象的共鸣。不过镜头下的画面虽然形象直观、易于理解，但它远没有书中的内容丰富。有人说："电影是高浓度糖浆，只需一口就会能量爆棚；而书籍是一盘粗粮，慢慢回甘，满满滋养。"

聪明的你，读书，观影，应该都不会舍弃吧。

生存篇

尽管幸运地活了下来，但要生存绝非易事。在克服了最初的悲观绝望情绪之后，鲁滨逊越来越主动地投入了征服大自然的斗争中。他在日记中这样记录：

> **11月4日**
> 　　早晨，我制定出简单的作息时间表，包括狩猎、休息、工作和睡眠的时间安排。我的计划是这样的：
> 　　每天上午如果不下雨就外出打猎两三个小时，然后回来劳动；
> 　　11点吃些能填饱肚子的东西；
> 　　从12点到下午2点是午睡时间，因为这段时间天气特别热；
> 　　黄昏时再工作，觉得累了便上床睡觉。

你瞧，鲁滨逊对自己的生活和劳动做了详细的计划，这样他未来的生活就有了动力，也更利于锻炼他克服困难、勇往直前的精神。这给了我们很大的启发,《鲁滨逊漂流记》这本书大约18万字,你会用多长时间来读完呢?

提示一:小学高年级学生一般每分钟能阅读300字左右,你先测一下自己的阅读速度。

提示二:如果你能每天坚持阅读一小时,那大约能读2万字,也就是说,这本书9天左右就能读完。

提示三:如果你的阅读速度还能再快,那大约一周就能读完。

高尔基曾说:"不知明天该做什么的人是不幸的。"相信这份计划会让你的读书生活更条理,读书感受更丰富。那就请你依据以上提示制订一份自己的专属阅读计划吧!

《鲁滨逊漂流记》阅读计划			
阅读日期	阅读篇目	阅读页数	阅读感受

荒岛日记让我们陪伴着鲁滨逊一起创造他的王国,可是二十八年啊,多么漫长的岁月,多么无尽的等待!如何能让他的经历更条理地留在我们脑海里呢?有同学想出了好办法——绘制时光轴:

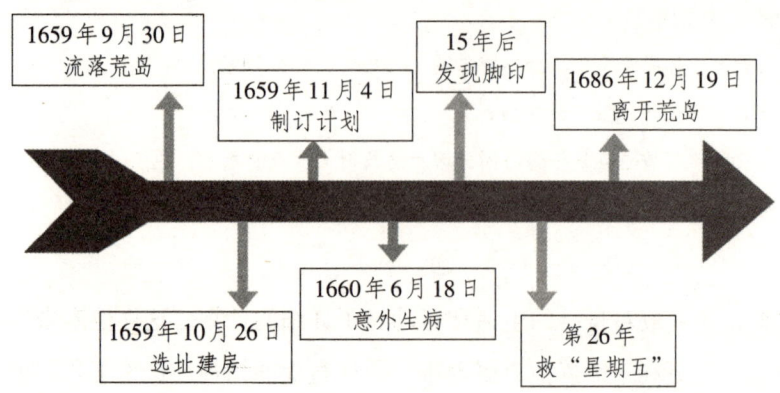

18. 心怀梦想，扬帆远航

刘奕彤

鲁滨逊经历了地震、食物短缺、缺少工具，一个又一个困难并没有把他打倒，反而让他无惧风雨，愈发坚强。接下来的日子里，还会有哪些考验等着他呢？他还会遇到什么挑战？荒岛生涯才刚刚开始，请你继续深入探险，见证奇迹。对了，老师还有"阅读锦囊"赠送哦：

锦囊一 圈点勾画

在阅读过程中，可能会遇到一些你不理解的词语，但是它并不影响你继续阅读，你可以先把它圈起来，画个"？"，等当天的阅读任务结束以后，再想办法解决（查字典、网络搜索、问问身边人等）。

锦囊二 批注感受

创作需要灵感，同样读书感受也会在瞬间浮现。每个人的生活经历不同，阅读感受也不同。你在阅读中，及时捕捉感受，并批注在书上，你的读书收获就会"更上一层楼"。

锦囊三 绘制"导图"

"思维导图"有利于你对书籍内容及语言进行深刻和富有创造性的思考。你可以试着把感兴趣的地方用"思维导图"的方式呈现出来，也许会看到不一样的精彩。

这些锦囊你都收入囊中了吗？人们常说"光说不练假把式"，赶快拿起笔，翻开书试一试吧！

写 互动延展

冒险旅程即将结束，掩卷沉思，我们的内心依然跌宕起伏。一千个读者眼中就有一千个哈姆雷特，你认为鲁滨逊到底是应该听父母的话留在家享受衣食无忧的美好人生，还是应该坚持自己的梦想去航海冒险呢？请你和小伙伴以"留还是走"为题，开展一场小小辩论赛。

温馨提示：（1）可以引用小说原文，结合生活实际，来证明自己观点，并反驳对方观点。（2）要紧扣自己的观点，以理服人，不跑题。

孩子们，人的成长如同冒险，一帆风顺只是我们的美好心愿，但不经历风雨，哪能见彩虹？生活中你会遇到各种小问题：考试考砸了会伤心懊恼吗？父母老师的批评教育会让你心怀怨恨吗？与同学相处时，一点小矛盾会让你大发雷霆吗？……

读完这本著作，认识了鲁滨逊，你会对成长过程中的苦与乐有更理性的判断与思考。

其实像这样创造自己生存奇迹的，不只有鲁滨逊，还有《基度山伯爵》中扬善惩恶、报恩复仇的法老号大副爱德蒙·唐泰斯；更有《肖申克的救赎》中没有被多舛命运毁掉，不懈挖掘出逃通道近20年，重获自由的安迪……在充满希望和等待的人生路上，愿你也能坚守自己的梦想，竭尽全力扬帆远航。

19. 大人眼中的"熊孩子",孩子心里的真英雄
——和你一起读《汤姆·索亚历险记》

(六年级下册《快乐读书吧》推荐阅读)

成 晨

特色导读

嘿,孩子!你有一封来自1876年密西西比河畔的邀请函,请查收!

> **邀请函**
>
> 幸运的朋友:
> 你好!
> 你敢来一场说走就走的冒险吗?
> 你敢在没有大人的陪同下划着木筏到荒无人烟的小岛吗?
> 你敢三更半夜和朋友一起去墓地吗?
> 你敢去昏天黑地、如蜘蛛网般复杂的山洞内寻宝吗?
> 你敢冒着生命危险揭发杀人犯的罪行吗?
> 我都敢。
> 成长本身就是一场冒险,世界的奇妙,走出去才知道。来吧,跟着我一起踏上通往1876年密西西比河畔的冒险之旅吧!
> 我是谁?嘘——
> 待会儿你就知道啦!
>
> 神秘的伙伴
> 1876年

这位神秘的伙伴到底是谁呢?

他,幼年丧母,被姨妈收养。

他,爱打架,爱吹牛,爱闯祸,偶尔还爱撒个小谎。

他,渴望自由,讨厌束缚;梦想成为海盗去冒险,有时却又感到孤独和迷

茫；看似没心没肺却又能感恩亲人，关心朋友；遇到危险，惶恐不安，却又为了正义，挺身而出。

他是谁？

他就是汤姆·索亚，大人眼中的"熊孩子"，却也是孩子心里的真英雄。

他是谁？

他也是你，是我！因为世界上每个年少孩童身上都有他的影子。

汤姆·索亚曾经说过："宁愿在舍伍德森林做一年草莽英雄，也不愿当一世美国总统。"你想知道不愿当美国总统的汤姆，经历过怎样惊心动魄的冒险吗？他的传奇人生又是什么样子的？让我们跟随他一起，走进大文豪马克·吐温的《汤姆·索亚历险记》吧！

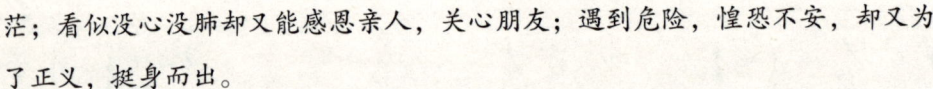 多元感悟

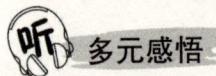

关于作家

莎士比亚说："幽默和风趣是智慧的闪现。"而马克·吐温就是这样一位集机智、幽默于一身的人。他被誉为"美国文学史上的林肯"，同时还是演说家和发明家。马克·吐温年幼时，家境贫困，12岁时辍学，做过各种零工，21岁时开始在密西西比河上做领航员，他的笔名马克·吐温就是水手们用来说水深的术语，表示水深12英尺。怎么样，挺有意思吧！

对了，我们熟知的《百万英镑》《威尼斯的小艇》全都是他的作品。这些作品以幽默、夸张的手法对现实社会现状进行辛辣的讽刺，这是马克·吐温作品最大的特点。有人曾说，如果马克·吐温的小说被誉为一顶皇冠的话，那《汤姆·索亚历险记》这部小说就是这顶皇冠上的一颗闪亮的明珠。你想领略它的魅力吗？听我细细道来吧！

关于作品

《汤姆·索亚历险记》这部长篇小说出版于1876年，以19世纪美国密西西比河畔的圣彼得堡镇为背景，讲述了主人公汤姆·索亚与哈克贝利·费恩等人

所经历的冒险故事。作者通过汤姆的成长历险经历,展露了少年儿童的天真烂漫及对自由的向往,讽刺批判了美国当时庸俗的社会风气、刻板的学校教育及虚伪的宗教仪式。

听到这里,你是否迫不及待地想回到100多年以前的密西西比河畔,跟着汤姆去冒险呢?带上邀请函一起来吧,汤姆正等着你呢!

说 共读故事

终于等到你啦!准备好了吗?快快开启《汤姆·索亚历险记》的冒险之旅,一起来闯关吧!

第一关 寻找密西西比河畔的伙伴

有些名著当中,人物众多,关系复杂,尤其是外国作品里,那些拗口难念的名字一定让你头疼极了!你有哪些好办法来梳理人物关系呢?瞧,漂流瓶给我们传递了一个信息,打开看看吧!

我们可以这样简单地把人物关系画出来:

《汤姆·索亚历险记》人物简易图谱

列出这样简单的人物图谱后，你对整本书会有更清晰的认识。约上三五好友，一起来交流一下自己的感受吧！你觉得汤姆是个什么样的孩子？你喜欢他吗？还有哪些人物给你留下了深刻的印象？别着急，随着阅读的深入，你一定会发现人物的形象变得更加丰满了，沉下心来继续读吧！

第二关 注意有"意外"和"转弯"

跌宕起伏的故事情节，能引人入胜，而人物往往会经历很多的"意外"和"转弯"。小说中生动的故事情节和鲜活的人物形象，会让我们与汤姆·索亚同呼吸，共命运。你注意到那些"意外"和"转弯"了吗？我们一起来找找吧！悄悄告诉你，翻看目录，能帮助你更快找到它们！

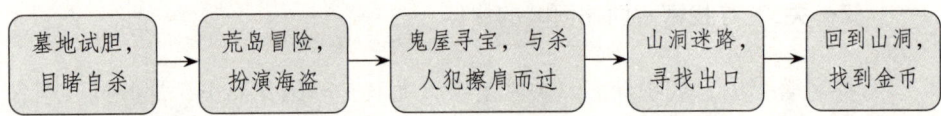

看，像这样列出小标题，就可以帮助你梳理惊心动魄的故事情节啦。这就是所谓的"一波三折"，正是因为它们，人物形象才会更突出，故事才会更精彩！"墓地""荒岛""海盗""鬼屋""宝藏"，光是听听这些词语，就足以让人惊叹了。你是否也曾梦想过这样的生活？是否也在汤姆身上窥到了自己的影子？怪不得汤姆不愿意当美国总统呢，浪漫自由、无拘无束的"冒险家"生活多么让人羡慕啊！就印象深刻的情节和你的伙伴交流感受吧！

第三关 不可忘记的"风景画"和"风俗画"

高尔基说："不可忘记：除风景画之外，还有风俗画。"我们在阅读小说时所看到的那些自然环境可不要漏掉，书中许多自然环境的描写都随着汤姆经历的事情而发生着变化，很好地渲染了气氛，烘托了人物的心理。而那些社会环境也不是装饰品，你也千万不要忘记，它让我们更深刻地理解文章的内容和价值。你可以细细品味！

19. 大人眼中的"熊孩子"，孩子心里的真英雄

> 从那以后，他俩不管走到哪里都成了人们羡慕和巴结的对象。他们的话被奉为金玉良言，一举一动也被视为非同寻常。

这一段是汤姆在海岛上扮演海盗时的自然环境的描写，树林的清晨一派寂静、安宁、祥和，侧面反映了汤姆向往自由快乐、无拘无束的生活。

> 现在正是黎明时分，空气清凉，晨光熹微，树林笼罩在深沉的静谧中，透出一种恬恬怡人的甜美气息。

这一段主要描写了汤姆和哈克在找到宝藏后，人们对这两个孩子的态度发生了翻天覆地的转变，讽刺了虚伪、庸俗的小市民习气。

关注小说的环境描写也有利于我们深入地了解人物形象。

闯过层层关卡，你一定会发现，每一次的冒险都是值得的，闯关时的那些小秘诀能帮助你快速成长哦！灵活运用它们，下一次，你也能独自领航！

读 赏析内文

抬眼望去，阳光明媚，树木忽然间长满了叶子。多想跟着你们再回到那美好的童年，我仿佛总能看见那个斑斑驳驳、生意葱茏的夏日里，你们肆意奔跑的身影，我也好像跟随着汤姆一起来到那个空气中弥漫着刺槐花香味的星期六的早晨……

> 汤姆继续刷他的墙，满不在乎地回答：
> "好吧，这也许是干活，也许不是。我只晓得，这样做很对汤姆·索亚的心思。"
> "哦，这么说，你是说你乐意干这活儿？"
> 刷子继续在墙上移动着。
> "乐意？唔，我不明白我为什么不应该乐意干。难道一个小孩子每天都能得到刷墙的机会吗？"

此事这样一说，倒是颇有几分新意。本停止咬他的苹果，汤姆姿势优雅地来回挥舞刷子——退后观察效果——这里、那里添上一刷子——再瞧瞧效果如何——本盯着他的一举一动，越看越有兴趣，越看越入迷。不一会儿他说道：

"喂，汤姆，让我刷一会儿吧。"

汤姆略一踌躇，刚想答应却又改了主意：

"不成——不成——恐怕我很难答应你，本。你瞧，波莉姨妈特别看重这面围墙——谁叫它正当街呢？——当然，要是后面的围墙，我就不会在乎，她也不会这么介意了。是的，她对这面围墙讲究得要命，刷的时候一定不能马虎。依我看，一千个孩子，兴许两千个孩子里面，也挑不出一个能把墙刷得让她满意的。"

"挑不出——这话当真？哎，不碍事——让我试试——就一小会儿——换了我——我就让你试，汤姆。"

"本，我倒想让你试试，这话绝对当真；可是，波莉姨妈——喏，吉姆本来想干，她硬是不让；西德也想干，她还是不准。你还看不出我有多犯难吗？如果把围墙交给你，万一有个闪失——"

"哎，哪儿的话，我肯定会跟你一样小心在意的。让我试试看吧，得了——我把苹果核儿给你。"

"那好，你来试试——不，本，不成。我怕——"

"我把苹果全给你！"

神秘伙伴的别样魅力

在这个美好的周六早晨，汤姆因为犯了错误，而被波莉姨妈罚去刷墙。正当他感觉到无聊之际，镇上的孩子们陆续赶来。本来以为汤姆肯定要被他们嘲笑，可戏剧化的一幕出现了，汤姆像艺术家一样，开始了他的表演，引得小伙伴们羡慕不已。

聪明的你一定发现啦，作者为我们呈现的这段语言描写和动作描写，让我们对这个出场不久的汤姆刮目相看，他不再是开篇那个爱打架、爱捣蛋，被姨妈批评的"熊孩子"，他摇身一变，成了"语言大师""心理分析师"和"哲学家"。你看，原来准备嘲笑汤姆的本，在汤姆一步步的"套路"下，心甘情愿

19. 大人眼中的"熊孩子"，孩子心里的真英雄

地献上了自己的苹果。而我们的主人公汤姆呢，正坐在树荫下，得意扬扬地吃着苹果，盘算着下一个倒霉蛋是谁呢。

果不其然，小伙伴们纷纷献上鞭炮、风筝、狗项圈等"贿赂品"来赢取这项"艺术创作权"。很快，刷墙这项工作就在小伙伴们的积极参与下顺利完成了。要不是没有足够的灰浆，以汤姆的能力，足以让全村的孩子"倾家荡产"。

不仅如此，书中还提道："他无意中发现了人类行为的一个重要规律，那就是要让大人或小孩渴望做一件事，只需使做事的机会难以获得即可。"这样的汤姆岂能用"聪明""狡黠"这些词语来形容呢，他简直就是一位活脱脱的"经济学家"啊！我们的感受如此之深，这可离不开作者对人物的语言、动作、神态、心理等细节的刻画，是作者的描述才让汤姆活灵活现地展现了这种别样的魅力。

智慧作者的幽默语言

而我们的作者马克·吐温先生也不忘沾着汤姆的光诙谐打趣道："如果他是一个聪明的哲人，如同本书的作者一样，他此时就能悟出这个道理。"怎么样，孩子们，没错吧，作者的语言就是这样的幽默风趣。像这样有意思的句子或段落书中还有很多，看到喜欢的，你可以这样做！

> 图书管理员也来"出风头"，怀里搂着一大摞书跑来跑去，嘴里叽叽咕咕唠叨不停的声音只有昆虫学家才乐意听。年轻的女教员也"出风头"，俯身安慰那些刚挨过耳光的学生，竖起漂亮的手指警告坏孩子。

《汤姆·索亚历险记》第32页。
感想：这一段描写了人们各自"卖弄"自己的表现，幽默风趣的语言下，是对形形色色大人们的讽刺，批判了人们阿谀奉承权威人物的不良社会习气。

读者眼中的多元汤姆

也许在大人眼里，汤姆整日调皮捣蛋，不服管教，就连刷个墙都要耍出这么多花招，可谓是"劣迹斑斑"的"熊孩子"。但在小伙伴们心中，汤姆却是最受欢迎的真英雄。你眼中的汤姆是什么样子的？我们一起来交流一下吧！

　　随着阅读的深入，我发现汤姆·索亚在我眼里变得很不一样了。一开始我觉得他调皮捣蛋、逃学叛逆，有点虚荣心，还常常惹姨妈生气，但是当我读到下面这段：汤姆离开家扮演海盗后又怕姨妈伤心，于是偷偷溜回家一直等到姨妈睡熟后"站在原地凝视着姨妈，心里充满了对她的怜悯"，我觉得其实汤姆是个真实善良、关爱亲人、懂得感恩的孩子。

　　你说得对，书中很多地方都能看出他的这些特点。我还发现汤姆在墓地目睹凶杀案时，虽然心中充满畏惧，没有及时指证印江·乔，但是他寝食难安，还去看望了"替罪羊"穆夫·波特，最终凭着良心勇敢走上法庭，指认了真凶。他用实际行动告诉我们——正义从不缺席。他可真是一位勇敢的小英雄！

　　看来，每个人都是立体的、多面的，评价人物时角度不能太单一。如果在做出评价时引用原文说明观点，那会更有说服力哦！

我眼中的汤姆：_____
_____
_____

写 互动延展

　　在这次冒险之旅中，你一定增长了智慧和勇气！瞧，汤姆和哈克正在组织"海盗帮"呢，快去参加他们的招募活动吧！

活动一　最佳插画师

《汤姆·索亚历险记》这部小说风靡全球，受到了全世界小朋友的喜爱，有些孩子还把印象深刻的情节画了出来，作为书籍的插画。空白画框是留给你的，你也来一展风采吧！

活动二　制作书籍"腰封"

腰封，也称"书腰纸"，图书附封的一种形式，是包裹在图书封面外的一条纸带，属于外部装饰物。腰封上可写与该书内容或作者相关的推荐文字。你也来试着为《汤姆·索亚历险记》这本书制作一个腰封吧，记得写上一句推荐语，让更多人爱上这本书！

活动三　写作品梗概

你的好朋友很喜欢《汤姆·索亚历险记》这本书，很想知道这本书讲了些什么。试着写写这本书的梗概，让他也加入我们的阅读队伍吧！用上下面这些方法，你会写得更清楚！

读懂内容，把握脉络。	筛选概括，合并成段。	锤炼语言，连贯表达。
●理清书籍内容的基本框架，把握要点。	●保留"主干"，去除"枝叶"。用简单的叙述性语言概括每个章节的内容。	●适当补充内容，自然过渡，使语意清楚连贯。

亲爱的孩子，一路走来，你会发现汤姆从一个大人眼中不听话、讨人嫌的"熊孩子"变成了正义、勇敢、机智、善良、有担当的真英雄。人生不就是这样，一步步成长的吗？我们的冒险之旅就要结束了，虽然你还会有很多的不舍，但没关系，去读书吧，脚步去不了的地方，文字都可以带你去！

20. 无与伦比的梦幻,永不褪色的经典
——和你一起读《爱丽丝漫游奇境》

(六年级下册《快乐读书吧》推荐阅读)

刘晓园

特色导读

童年是一个爱做梦的阶段,在梦中你可以肆无忌惮地哈哈大笑,可以毫无顾忌地伤心落泪,也可以无忧无虑地到处玩耍。小小的梦,寄托了我们内心深处最真实的渴望,一个梦就是一段旅程。亲爱的孩子们,想不想来一场说走就走的梦幻之旅呢?

一百多年以前,有个名叫爱丽丝的小姑娘,独自进行了一场奇异的梦境之旅。梦境中扑朔迷离,变幻莫测,荒诞疯狂。今天,让我们打开经典之门,漫步世界名著的花园,同爱丽丝一起坠入那个奇幻的童话世界,在《爱丽丝漫游奇境》中开启"寻梦"之旅。

多元感悟

"我相信《爱丽丝漫游奇境》的文学价值,比起莎士比亚最正经的书亦比得上,不过又是一派罢了。"这是第一位把《爱丽丝漫游奇境》译成中文的"中国现代语言学之父"赵元任先生对这本书的评价。他称这是一本妙在"不通"的笑话书,又是一本哲学的和伦理学的参考书。

《大英百科全书》说它"把荒诞文学提到了最高水平",誉它为"才华横溢的胡说八道"。

这部经典作品用奇幻的想象、诙谐的语言、荒诞的情节,把我们带到了童

话的美好世界。书中包含《爱丽丝梦游奇境》和《爱丽丝镜中奇遇》两个故事，每个故事各有十二个章节。《爱丽丝梦游奇境》于1865年出版，1871年又出版了姐妹篇《爱丽丝镜中奇遇》。这两部童话很快风靡全世界，被称为"儿童文学史上的一座里程碑""世界四大经典奇幻名著之一"。时至今日，它至少被译成了125种语言，还被改编成了舞台剧、动画片和电影等多种艺术形式。

现在，你一定十分好奇这个伟大的"造梦者"是谁，让我们一起来认识他吧！

关于作家

刘易斯·卡罗尔（1832—1898），英国柴郡人。原名查尔斯·路德维奇·道奇森，卡罗尔是他发表《爱丽丝梦游奇境》时首次使用的笔名。他是一位生性腼腆，患有口吃病，不善与人交往的作家、数学家、逻辑学家。他也是大名鼎鼎的英国牛津大学的数学讲师，发表了很多数学著作。他爱好广泛，还是位优秀的摄影师。

有趣的故事源于有趣的生活，想要更好地理解故事，就要先了解它的写作背景。赶快听听《爱丽丝梦游奇境》的卷首诗，相信故事背后的秘密会让你对这部经典有更深刻的理解。

在那金灿灿的下午
我们去河上泛舟；
几双小手用力划桨，
船儿却没个准头，
几只小手东指西点，
小船还是晃晃悠悠。

哦，三个小家伙可真忍心！
梦幻般的时刻如此美妙，

她们还偏要听个轻松故事
轻啊，要轻到吹不动羽毛！
可怜我只有一张嘴，
怎能抵挡三个人一起鼓噪？
老大喜欢发号施令，
要求也直截了当："开始！"
老二声气很柔和，她想听
"有点无厘头的故事"！
话最多的是老三，

20. 无与伦比的梦幻，永不褪色的经典

故事不完，她插嘴不止。

一会儿，忽然静了下来，
三个女孩听得出了神，
跟随梦中的女孩漫游
新鲜奇妙的荒野之境，自如地
跟鸟儿和野兽交谈——
仿佛这一切都能当真。
可是，想象终有枯竭的时候，
故事总会越讲越少，
疲倦的讲故事人弱弱地
想卖关子按下不表：
"留到下一次——"
"现在就是下一次！"
快活的声音嚷道。

奇境的故事讲了一段又一段。
她们听得津津有味。
离奇有趣的情节编了又编——
现在总算有了结尾，
大家开开心心向家里进发，
沐浴着夕阳的余晖。
爱丽丝！请用你柔软的小手
将这给孩子的故事把玩，
让它和记忆的神秘缎带
系住的童年之梦相伴，
有如远方漫游归来的旅客
带回的凋谢的花环。

读书小妙招一

很多经典名著都有卷首诗或卷首语，它们可以帮助我们更好地了解故事。

孩子们，听了卷首诗，你一定对作者和故事有了更深刻的了解，也一定更加好奇，故事是为谁写的？右边照片上这个可爱的小女孩就是其中的二女儿，她就是"梦的主人"，猜猜她的名字吧！她的名字是——（　　　）。

说　共读故事

小船上的精彩故事，百年来熠熠生辉，是卡罗尔赋予童话以全新的生机和活力。现在，就让我们一起进入这个奇幻的、冒险的、疯癫的梦之境，去寻找"梦中人"。

如果说一千个人的眼里有一千个哈姆雷特，那么一千个人的眼里就有一千个爱丽丝。她不仅个性鲜明，还是一个矛盾的集合体呢！

调皮可爱又乖巧懂事	胆小爱哭又勇敢乐观
一个天真活泼的小女孩，淘气地追逐一只会说话的兔子，毫不顾忌地跳进兔子洞。看到美食毫无抵抗力，却又总会为别人着想。	可怜的爱丽丝面对忽大忽小的变化，惊慌失措。她感到孤独、害怕，总是哭，但又不停地告诉自己"我"都这么大了，不能哭。要知道她只是一个七岁的小女孩。
喜欢卖弄知识又厌恶上课学习	**你眼中的爱丽丝：_____**
爱丽丝喜欢背诗，又总是背错。喜欢卖弄知识却总是牛头不对马嘴，笑话百出。刚刚还因为孤独想家感到悲伤，一想到如果出不去就不用上学了，又心花怒放。	_____ _____ _____ _____ _____

　　故事吸引我们的不仅仅是"梦的主人"爱丽丝，还有一个个疯癫怪异的"梦中人"，他们为故事增添了许多奇幻色彩。那些无厘头的对话、混乱的逻辑、怪异的行为，都让我们感到这个世界太与众不同了。

　　没有笑容的猫你见过，没有猫的笑容你见过吗？在这里你不仅可以领略它的风姿，还能感受到它的智慧。故事里还有很多这样的"怪人"，让我们跟着爱丽丝的脚步去认识这些有趣的"梦中人"，和他们交个朋友吧！

读书小妙招二

故事中哪些人物给你留下了深刻印象？边读边把它们的名字和特点记录下来。

人物	特点

20. 无与伦比的梦幻，永不褪色的经典

读 赏析内文

赛缪斯·约翰逊说："好奇心是智慧富有活力的最持久、最可靠的特征。"爱丽丝就是这样一个充满好奇心的孩子。现在，带着你的好奇心，赶快进入这个奇幻的梦之境，去寻找各种各样的"奇"思"幻"想，体会成长的快乐。

☆1. 奇幻的想象

片 段 一

掉啊，掉啊，掉啊。难道就这样永远掉个不停了？"不知道这会儿已经下落多少英里了？"她大声说，"十有八九已经落到地心附近的什么地方了。我想想：那应该是离地面四千英里，我想——"（可是，爱丽丝在学校里学过一点这方面的知识，虽说这会儿显摆这点知识不算特别合适，因为没人在听，可是权当练习一下也好）"——没错，大概就是这个距离——那么，我此刻所在的纬度和经度又是多少呢？"（爱丽丝其实根本不明白纬度和经度是什么意思，不过她觉得这两个词说起来挺酷的。）

一会儿她又在想了。"不知道我会不会正好穿过地球！从头朝下走路的人群中间钻出来，那多好玩啊！好像是叫对拓——"（这回她挺高兴没人在旁听她说话，因为这么念听起来就不对劲儿）"——对了，我得问问他们那个国家叫什么名字。请问，夫人，这儿是新西兰还是澳大利亚？"（她一边说一边想行个屈膝礼——真滑稽！在往下掉的时候行屈膝礼！你们想想你们能做到吗？）"她听我这么问，准会觉得我是个什么都不懂的小丫头！不行，绝对不能问：说不定我会看到它写在什么地方的。"

（节选自第一章《掉进兔子洞》）

名师伴读

掉啊，掉啊，掉啊。这样一直往下掉，到达地心，穿过地球，看见头朝下走路的人，这个想法真的是太有趣了！你是不是也想见识一下头朝下是怎么走路的呢？

161

小时候的你是不是也会自言自语,摆弄知识?也会自编自导,上演王子与公主、老师和学生的游戏呢?有没有幻想过柜子里会住着一个神秘的小人国呢?现在,闭上眼睛,和爱丽丝一起大胆想象吧!

书中像这样天马行空的奇趣幻想随处可见。幻想让我们的生活变得生动,它就像黑暗中的一缕阳光,照亮了爱丽丝的心灵,也照亮了我们寻梦的道路。

☆2.奇异的变化

片段二

她拿起扇子和一副手套,正要离开房间,忽然瞥见镜子边上有一个小瓶子。这回瓶子上没有"喝我"的标签,但她还是拔了瓶塞,把瓶子凑到嘴唇边上。"我知道每次我吃了或者喝了什么东西,"她对自己说,"肯定会发生一些有趣的事情。这次我倒要看看这个瓶子有多大能耐。但愿它能让我重新变大,说实话,老是当这么个小不点儿,我实在受不了啦!"

事情果真这样发生了,而且进展之快大大出乎她的意料:刚喝下半瓶,她就发现自己的头顶住了天花板,要不是弯腰屈背地站着,脖子一准会折断。她赶紧放下瓶子,对自己说:"这已经够了——我希望别再长高了——要不然我没法从房门出去了——我真不该喝这么多!"

唉!后悔已经来不及了!她还在长高长大,长呀长呀,很快就不得不跪在地板上。再过一会儿,就连这样也不行了,她只好试着躺下来,用一个胳膊肘顶住门,另一条手臂屈起来抱着头。但她还在长,她的最后一招,是把一条手臂伸出窗子,一只脚搁在壁炉烟囱上。

(节选自第四章《兔子送上小比尔》)

名师伴读

这个世界太神奇了!这里的食物仿佛被女巫施了魔法,吃了会让人身体变大变小,速度之快,变化之大,让人觉得不可思议。到底有哪些食物拥有这样的魔力呢?爱丽丝吃了后发生了怎样奇异的变化?赶快到书中去找一找,记得在空白处留下你读书的痕迹!

20. 无与伦比的梦幻，永不褪色的经典

魔法食物：_____
奇异变化：_____

☆3.奇葩的对话

片 段 三

帽匠听了这话，眼睛瞪得大大的。但他却问道："渡鸦为什么像写字桌？"

"嗨，好玩的事儿来了！"爱丽丝心想，"我很高兴他们要玩脑筋急转弯了——我相信这我答得上来。"后面一句话她是大声说的。

"你的意思是，你想你能找到答案？"三月兔问。

"一点不错。"爱丽丝说。

"那你应该怎么想就怎么说呗。"三月兔接着说。

"我是说了呀，"爱丽丝急忙回答说，"——至少我是怎么说就怎么想的——这是一回事，你知道。"

"根本不是一回事！"帽匠说，"怎么，难道你可以说'我看见我吃的东西'和'我吃了我看见的东西'是一回事吗！"

"难道你可以说，"三月兔说，"'我喜欢我拿到的东西'和'我拿到我喜欢的东西'是一回事吗！"

"难道你可以说，"睡鼠也凑上来说，声音就像梦呓，"'我睡觉时呼吸'和'我呼吸时睡觉'是一回事吗！"

"对你来说就是一回事。"帽匠说，对话到此戛然中止，茶桌上有片刻静默，趁这工夫爱丽丝拼命回想关于渡鸦和写字桌记得些什么。好像什么也不记得哎。

（节选自第七章《疯茶会》）

名师伴读

这些看似有道理的疯言疯语也是《爱丽丝漫游奇境》的独特之处。故事中这样看似混乱的文字游戏、诗歌、双关语，以及语无伦次的人物对话，其实都隐藏着严密的逻辑。这些"梦话"让人忍俊不禁，又发人深省，就像是在带领读者进行一场高难度的智力游戏。哪些对话让你兴味盎然？读给爸爸妈妈或同学听听。

在这个深不见底的兔子洞里，爱丽丝用奇幻的想象、乐观的态度，展现了儿童所拥有的那份天真有趣。她用勇敢、善良战胜胆小与疯癫。这是一次奇妙的梦幻之旅，也是一次特殊的成长之旅，它教会我们勇敢、坚韧与爱。这就是小说的迷人之处，也是故事的魅力所在。

好的故事从来不是简单的幼稚，爱丽丝的故事看似荒诞、不合逻辑，但在这个别出心裁的荒诞梦境中，处处暗含玄机，意味深长。亲爱的同学们，寻梦之旅即将结束，但精彩的故事才刚刚开始。赶快翻开书，开始酣畅淋漓地阅读吧！

读书小妙招三

故事中哪些情节让你印象深刻？和父母、老师或同学交流交流，让思维的火花在碰撞中更加绚丽。

写 互动延展

同学们，奇幻之旅总要到岸，但寻梦之路没有终点。在这个爱做梦的年纪，让我们放飞思绪，去编织一个属于我们自己的梦，不仅要做"寻梦人"，更要做一名"造梦者"。

☆1.想情节　思人物

想象的世界无奇不有，大胆想象属于你的那个梦境，在哪？有谁？发生了什么？注意要找到它的独特之处，体现它的不同寻常。

☆2.理思绪　做文章

同学们还可以画一个思维导图，标注情节和人物，然后理清思绪。写一写你的梦中奇遇吧！说不定你就是下一个刘易斯·卡罗尔。

  《爱丽丝漫游奇境》与《尼尔斯骑鹅旅行记》《绿野仙踪》《木偶奇遇记》被并称为"世界四大经典奇幻名著"。它们用不同的故事情节，相同的奇幻想象，带给了我们不同寻常的快乐，见证了我们心灵的成长。同学们，让我们在这些无与伦比的奇妙梦幻中，不断汲取营养，细细品味这些永不褪色的经典，努力茁壮成长。愿我们在每一次不期而遇的旅途中，都能梦想成真！

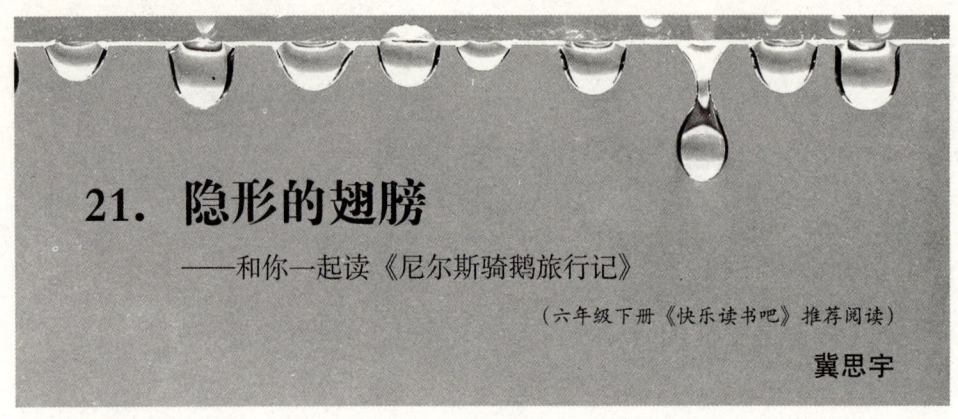

21. 隐形的翅膀
——和你一起读《尼尔斯骑鹅旅行记》

(六年级下册《快乐读书吧》推荐阅读)

冀思宇

特色导读

亲爱的小伙伴们，关于旅行，我们可能有着丰富的经历："千里冰封，万里雪飘"的北国，"水何澹澹，山岛竦峙"的海岛，"大漠孤烟直，长河落日圆"的塞外，"红粉暗随流水去，园林渐觉清阴密"的江南……可是，你体验过骑鹅旅行吗？一个十几岁的男孩子，为什么会骑在鹅背上远游呢？他有哪些离奇的经历呢？就让我们一起走进《尼尔斯骑鹅旅行记》吧！

多元感悟

阅读之前，我们先来了解一下这部作品和它的作者吧！

关于作品

不看不知道，一看吓一跳！《尼尔斯骑鹅旅行记》可谓来头不小！此书是世界文学史上第一部，也是唯一一部获得诺贝尔文学奖的童话作品。更神奇的是，它不仅是一部文学作品，还是一张行走的瑞典地图呢！

小伙伴们可以找一张瑞典地图，边阅读边在地图上做标记，这样就可以设计一张尼尔斯旅行路线图啦！

21. 隐形的翅膀

关于作者

小伙伴们,一部童话作品为何被称作"行走的瑞典地图"呢?这与作者的经历息息相关。塞尔玛·拉格洛芙,瑞典女作家,长期担任历史、地理教师。1902年,她受瑞典国家教师联盟委托,为孩子们编写一部以故事的形式来介绍地理学、生物学等知识的教科书。1906—1907年,该书作为历史、地理教科书出版。

语言风格

此书不仅是史地教科书,还是一部优秀的文学作品呢!畅游其中,我们不仅能欣赏城市风光,还能感受文字的魅力。听,这是作者笔下的瑞典风貌……

"耕地和牧场看起来就像一块块巨大的有各种色彩和形状的方格子布。"

"这个地方(瑟姆兰省)像是把一个大湖、一条大河、一座大森林和一座大山统统剁成碎块,然后再拌一拌,就这么乱七八糟地摊在地上。"

书中,像这样运用比喻、拟人等修辞手法描写景物的语言数不胜数,我们可以一边读、一边画出来。若能将最吸引你的几处描写填入表格、细细品读,相信你会陶醉其中呢!

地点	景物描写	感受

自由的旅行,激发了尼尔斯看世界的欲望;神奇的风光,坚定了他走四方的决心。小家伙长出了第一对隐形的翅膀!伙伴们,想知道尼尔斯还长出哪些翅膀吗?让我们走进原著,一探究竟吧!

说 共读故事

说内容

《尼尔斯骑鹅旅行记》讲述了这样一个故事:一个调皮捣蛋、顽劣成性的孩子尼尔斯,因捉弄小精灵而被施魔法,变成一个只有拇指大小的小人。他骑在鹅背上,跟随迁徙的大雁,在完成瑞典之旅的同时,收获成长,最终变回原形,回到家乡。

说人物

旅途中,尼尔斯遇到了形形色色的小动物。首先,我们来说说旅行团的核心成员及团队最大的威胁——斯密尔。

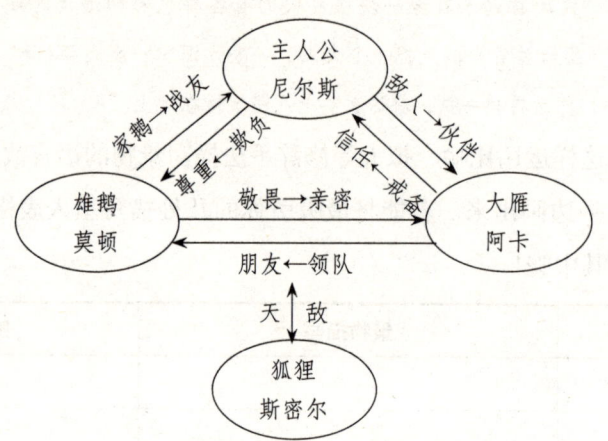

在"铁三角"旅行团中,莫顿和阿卡可谓尼尔斯的左膀右臂。他们通力合作,攻克重重难关。但是,三人之间的关系并非从始至终都融洽,也经历了由疏远到亲密的过程。那么,究竟是哪些事情使他们彼此之间的关系好转的?"传奇搭档"与天敌斯密尔发生了哪些纠葛呢?请到原著中一睹为快吧!

读完全书,相信你一定能把下面表格中省略的内容补充完整,并说明理由!

人物	特点	事例
尼尔斯	机智勇敢，乐于助人……	
莫顿	自尊自强，赤胆忠心……	
阿卡	威信十足，小心谨慎……	
斯密尔	阴险狡诈，残忍恶毒……	

同伴们的品行，潜移默化地感染着尼尔斯，小家伙长出了第二对隐形的翅膀！那么，他还结识了哪些人物？他还会长出怎样的翅膀？让我们到书中寻找答案吧！

说故事

旅途中，尼尔斯不仅结交了朋友，还听到了许多故事。瞧，小家伙屏气凝神，听得津津有味！他到底听到了什么呢？嘘……

> 很久以前，一个外出卖桶的人驾着雪橇在冰冻的河面上赶路，后面有一群狼追赶他。卖桶人驾着一匹老马，根本跑不快，他心想自己逃生的希望很小了。狼越追越近，可怕的狼嗥声从身后传来……
>
> 在这千钧一发之际，他发现了一个老太太。为了防止她被吃掉，卖桶人决定带上她一起逃命。
>
> 老太太说："让我去喂狼吧，这样你就可以逃脱了。"
>
> "老太太，您用不着牺牲自己，我已经想出一个办法。您只管驾雪橇向前走，到前面那个村子，请村里人快过来救我。"说完，卖桶人往大桶里一钻，又把桶盖扣紧，然后滚到冰面上。桶又大又结实，一群狼围着木桶又啃又咬，大桶仍旧稳稳地立着……

此时此刻，老师不禁为卖桶人竖起了大拇指！

随着阅读的深入，我们发现"故事中的故事"还有很多，它们给读者以无限的遐想和深深的启迪。就让我们把对故事的思考和感悟讲给父母听吧！交流后，你定受益匪浅！

耐人寻味的故事荡涤着尼尔斯的灵魂，小家伙长出了第三对隐形的翅膀！他还会长出怎样的翅膀呢？我们接着探寻……

读 赏析内文

人类大肆采矿，使动物们的家园遭到严重破坏，尼尔斯被公熊威胁去烧工厂。他会答应公熊的要求吗？

片 段 一

尼尔斯仔细望着工厂，轧钢工人正在紧张地劳动，他暗自思忖着："我怎么能放火烧工厂呢？再说，工人们只有劳动，才有面包，有衣服，有住房，怎么能不让人们劳动呢？但是，我如果随口回答说我根本不想这样干，那么那只熊掌往里一拍，我就丢掉性命了。"

"让我考虑一下。"尼尔斯说，他想拖延时间，找空子逃跑。可公熊等得不耐烦了，再三催问道："你到底是干还是不干？"

尼尔斯打定主意，坚决地说："你逼我去烧毁一个钢铁厂，那是万万办不到的。"公熊用前掌抓住了他，咆哮着叫起来："好哇，你不想干，那你就别想活着！"

"不错，我是不打算活啦！你想怎么样？"尼尔斯毫不畏惧地说道。

"唔，那你就去死吧！"公熊吼道，他慢慢地举起了一只熊掌拍向尼尔斯。就在这时，尼尔斯一双夜视眼看到几步之外有一杆明晃晃的猎枪正对着公熊。他尖声叫道："公熊，快跑！猎人的枪口已经对准你了！"

大公熊抓起尼尔斯朝嘴里一塞，慌忙转身逃走了，身后听得"砰砰"几声枪响，子弹从大公熊的耳朵边呼啸而过。

名师伴读

公熊万万没有想到自己竟被人所救。于是，他放走了尼尔斯，并承诺往后熊类都不会伤害他。

此时的尼尔斯已不再是那个欺负小动物、捉弄小精灵的"坏孩子"。他懂得换位思考、体谅工人们的艰辛，就算付出生命也绝不做错事！这样有原则、

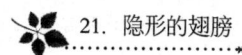

有底线的小男子汉，怎能不叫人拍手称赞呢？尼尔斯因祸得福，正所谓自助者，天助之！

波折的经历锤炼着尼尔斯的心性，小家伙长出了第四对隐形的翅膀！羽翼丰盈的尼尔斯有何壮举呢？他会有哪些神奇的魔力呢？一起读读下面的片段吧！

片 段 二

他像离弦之箭一般冲过院子，跳上房门前榭木板，奔进了门廊。他习惯成自然地在那里把木鞋脱下来，光着脚冲到门口。可是他实在不愿意让自己的这副小人儿怪模样在爸爸妈妈面前出现，所以他抬不起手臂来敲门。"这是莫顿的生死关头呀，"他心头悚然一震，"自从你离开家门那一天起，他不就成了你最知心的朋友了吗？"他反问自己。霎时间，雄鹅和他生死与共的经历全都涌现在他的脑海里，他想起了雄鹅怎样在冰冻的湖面上，在暴风骤雨的大海上，在凶残的野兽中间舍命救自己的情景。他的心里溢满了感激和疼爱之情，他不再疑惧，不顾一切地用拳头拼命捶打屋门。

名师伴读

一连串的动作描写，生动地表现出尼尔斯焦急的心情。他想救好友，却不想让父母担心，一句反问，将他矛盾的内心世界刻画得入木三分。一个孝顺善良、知恩图报、重情重义、勇于担当的热血男儿呼之欲出！这一刻，神奇的事情发生了！他变成了一个人，一个长大的少年，一个顽强的英雄，一个拥有丰满羽翼的男子汉！

伙伴们，是什么让他重回人形？难道是小精灵的魔法？我们不禁陷入沉思……

互动延展

骑鹅之旅圆满结束，尼尔斯满载而归！瞧，他从一个调皮捣蛋的小顽童成长为一名顶天立地的男子汉啦！伙伴们，是什么力量使他脱胎换骨的？你找到哪些隐形的翅膀呢？快来一较高下吧！

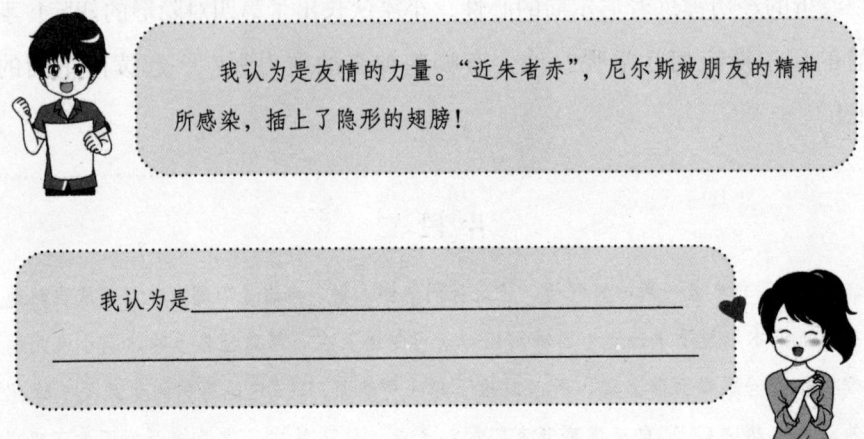

旅途中，尼尔斯长出了一对对隐形的翅膀，"坏孩子"有了翻天覆地的变化！请你为尼尔斯制作一本成长纪念册，记录他的成长吧！

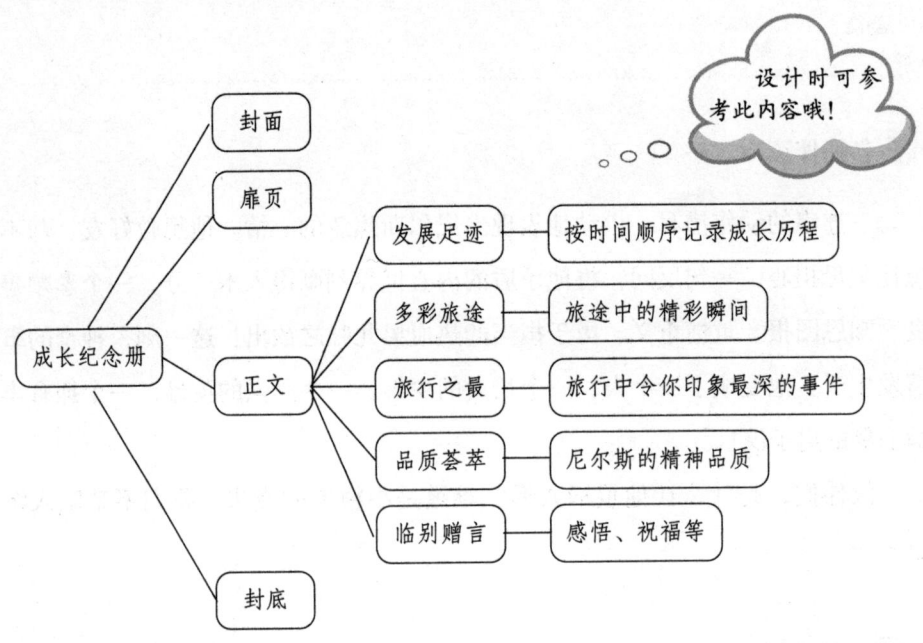

21. 隐形的翅膀

诗人泰戈尔曾说:"当我们漫步在阳光下,若能不期而遇,我想我会无限惊讶地停下步履。"阅读的每一本名著,都是一个无法复制的自己;经历的每一段旅程,都是一次怦然心动的邂逅。漫漫旅途,尼尔斯正在一天天地成长。神奇壮美的自然、患难与共的友情、发人深省的故事、坎坷波折的经历……如春风化雨般浸润着他的心灵,小家伙长出了一对对隐形的翅膀!

除了尼尔斯,爱读书的宝宝们也一定收获颇丰!通过阅读你长出了哪些隐形的翅膀呢?遨游于天际,你还会与哪些人物不期而遇呢?就让我们走进下一本名著吧!